＼ 著作権を制する者は ／
授業を制す!

著作権
ハンドブック

先生、勝手にコピーしちゃダメ

宮武久佳／大塚 大 著

はじめに

　本書は、学校の先生方や事務職の人のために、現場で混乱しがちな「著作権ルール」について平易に早わかりできることを目指しました。学校の児童や生徒、保護者が手に取ることも視野に入れました。

「スマホ脳」が取りざたされる時代、小学生がごく普通に動画や写真を発信しています。うっかりすると、誰だって他人の著作権を侵害してしまいそうです。コンテンツを作る人の権利である著作権は今や、誰もが知るべきルールとなりました。特に教育現場における、著作権のあり方については多くの人が基礎知識をもつ必要が出てきました。実際に、2017（平成29）年・2018（平成30）年改訂の学習指導要領では、教科での指導事項として著作権を学ぶようになり、今まで以上に著作権にスポットライトが当てられています。

　もともと、教育現場では、先生も児童も生徒も、著作権のことをあまり気にせずに、コンテンツを自由に使える仕組みがあります（著作権法の第35条の規定です）。ところがコロナ禍の影響で、オンライン授業が一般的になりました。初めてのオンライン授業で、先生方の間で「あの動画を使って良いのだろうか」「生徒はウェブやSNSから取った動画や写真を送ってきたが、著作権侵害にならないだろうか」などといった心配ごとが増えました。

　本書は、このような不安や心配を軽減するために、複雑な著作権法について2つの工夫をして、平明な解説を試みました。

　第1に、実践的に使えるように、Q&Aの一問一答形式で、早わかりできるようにしました。

　第2に、専門用語を日常の言葉に置き換えるように努力しました。今や小学生がスマホを使う時代になったのですから、児童でも理解できる

ような言葉づかいが欲しいところです。本書はその試みとして、法律用語を日常的な言い回しで表すように心がけました。たとえば、著作物という言い方をあえて「コンテンツ」に置き換えています。両者は厳密には異なりますが、あえて日常語を優先しました。他に、「許諾」という言葉に替えて、「許可」に言い換えています。

　私は行政書士として、著作権について小学校で授業を行うことがあります。小学校の高学年ともなれば、「著作権」という言葉を知っていますが、何を、どう伝えたらよいのかいつも悩みます。本書の執筆中も、常に小学生のことを意識していました。

　GIGAスクール構想で、1人に1台のタブレットやパソコンが配備され、学校のデジタル学習の環境が整備されつつあります。教育に携わる人たちにもコンテンツに関する著作権の知識が不可欠です。児童や生徒たちが著作権を学ぶ前に、まずは大人が、著作権の基本を知る必要があります。「教育だからなんでもタダで自由」という意識から、「教材は必ず作った人がいる。作った人の権利を大切にしよう」という意識への転換が必要です。まさに、「著作権を制するものが授業を制する」のです。

　本書は、東京理科大学の宮武久佳先生と東京書籍の植草武士編集長との話し合いの中で生まれました。宮武先生にお声掛けをいただき、こうした共同作業に参加する機会を得ることができました。この場を借りて改めて御礼を申し上げたいと思います。

　本書が多くの教育現場にいる人の一助になればうれしいです。

大塚　大

目 次

第Ⅱ部　著作権の常識・非常識 ……………… 39

※質問のカテゴリーは1つの目安です。

「学校その他の教育機関」について

「複製」について

「公衆送信」について

「授業」について

「必要と認められる限度」について

「公に伝達」について

「著作権者の利益を不当に害することになる場合」について

「SARTRAS」について

第Ⅲ部　著作権なるほどコラム ⋯⋯⋯⋯⋯ **169**

凡例

① 本書は著作権法の改正、なかでも第35条の改正（2018年）がもたらす教育現場を中心とした諸問題について、現状、適切と思われる判断を示しています。判断にあたっては「改正著作権法第35条運用指針（2021年度版）」等を参考にしましたが、あくまでも著者の見解になります。

② 本書で取り上げた質問事項は、著者や編集部に寄せられたものを中心にセレクトしましたが、「改正著作権法第35条運用指針（2021年度版）」も参考にしながら、一部アレンジしたものもあります。

③ 本書の内容・解釈は、2021（令和3）年7月末時点での各種情報に基づいています。

④ 法律の条文や専門用語には、一般読者にはなじまない言葉も多いため、本書ではいくつかの用語について、下記のように言い換えたところがあります。
　・著作物 ➡ コンテンツ
　・複製 ➡ コピー
　・公衆送信 ➡ ネットワーク送信
　・許諾 ➡ 許可
　その他、下記のような言い換えもしています。
　・ジャスラック ➡ JASRAC
　・サートラス ➡ SARTRAS
　・改正著作権法第35条運用指針 ➡ ≪ガイドライン≫

⑤ 著作権法の条文表記について、下記のような省略表記をしています。
　・著作権法第35条 ➡ 35条
　他の条文についても同様な省略表記をしています。

⑥ 本書は宮武、大塚の共同執筆です。ただし、コラムの（M）は宮武、（O）は大塚が担当しました。

⑦ 本書には2匹のキャラクターが登場し、読者の質問に答えます。

 ちょさく犬「コピー」　　 助手の「さごじょう」

序章

オンライン授業と変更された
教育現場の著作権ルール

　ごく最近、学校をめぐる著作権ルールが大きく変更されました。日本全国でオンラインのリモート教育が当たり前になる時代に、コンテンツ（著作物）が一気に利用されやすくなったのです。ルール変更のポイントは何でしょうか。さらっと見ておきましょう。

教育、模倣、著作権

　著作権の本質は「コンテンツ（著作権による保護対象物）」は作った人だけが、「コピーしたり、改作したり、上演したり、ネットワークで送信したりする権利」を持つことにあります。コンテンツには音楽であれ、イラストであれ、小説であれ、必ず「作り手」がいます。作り手の利益を守るのが著作権の中心的な役割です。

　だから、著作権法も「作り手に無断でコンテンツを使ってはならない」ことを法律の根幹に据えています。

　しかし、著作権の考え方を全部守っていると、教育は成り立ちません。教育とは、文化や情報、知恵が伝達することで成立するからです。「先人の模倣」をせずに、子どもを育てることはできないでしょう。つまり、「先人の模倣」を通じて知識や文化を継承する教育と、表現の模倣を禁じる著作権の考え方は相容れないのです。両者は衝突していると言ってよいかもしれません。

著作権の考え方が学校教育を阻害することがあってはなりません。そこで、著作権法自らが、学校教育の現場では、著作権法が前面に出ないよう抑えています。教育現場において著作権が幅を利かせないようにしているのです。このことを、「著作権の制限」と言います。著作権ルールが教育活動に譲った形になっています。著作権法の第35条が教育現場における「著作権の制限」を明記しています。

　学校では、教員が「授業の過程」（本書でも繰り返し出してくるキーワードです）で小説や新聞記事のコピーを配付します。この場合、執筆者や出版社、新聞社に許可を取る必要はありません。また、先生が録画した、昨晩放送されたニュースやドキュメンタリーを教材として授業の過程で使うことに問題はありません。

自由に使えても、タダではない

　ところが、これまでインターネットを利用した教育については、たとえ学校教育の目的（授業の過程）であっても、一部を除きネットを通じて離れた場所にいる人どうしの間でコンテンツを送受信することができませんでした。ネット上でのコンテンツの利用を認めると、教育の現場以外にもコンテンツが拡散する心配があったことが大きな理由です。

　とはいえ、インターネットが日常のすみずみに及ぶ時代になりました。当然ながら、「教育の現場において積極的にネットが使えることが望ましい」という要望が、教員や生徒そして保護者から寄せられていました。各方面から「インターネット時代にマッチした、学校教育のあり方を模索してほしい」という声が上がるのは必然でしょう。

　今や「GIGAスクール構想」の下、小中学校の子ども一人ひとりにタブレットなどの情報端末が配備される時代です。学校や学校に準じる教育機関で、ICT（情報コミュニケーション技術）を活用した教育の必要性が論じられています。大人だけでなく子どももインターネットをうま

く使うことが求められています。

　とはいえ、コンテンツの作り手に、無償で仕事の成果を提供することを求めることがあってはなりません。たとえコンテンツが自由に使えても、「コンテンツはタダ（無料）」ではないからです（学校で必要なノートや鉛筆、ハーモニカ、体操着と同じです。コンテンツにはコストがかかっています）。

　結果、そうした教育関係者からの要望を受けて、また、コンテンツを作る権利者団体との調整を踏まえ、「著作権法の一部を改正する法律」が2018（平成30）年5月に成立し、3年以内にスタートすることになりました。

オンライン授業と補償金

　オンライン授業をやりやすくする新しい著作権ルールは、2021（令和3）年施行の予定を1年早く、スタートしました。日本全国を襲った新型コロナウイルス感染拡大の影響のため、急きょ、前倒しする形で2020（令和2）年4月に施行されたのです。

「オンライン授業」が全国の小中高校、大学で実施され、スポットライトを浴びるようになったのは、こうした事情がありました。コロナの影響で、にわかに著作権法が書き換えられたわけではありません。

　今回の改正で、教育機関の「授業の過程」における公衆送信（インターネットなどの送受信）の著作権を権利制限の対象とし、コンテンツを無許諾で広く利用することが可能になりました。公衆送信とは、無線または有線によりテレビやパソコン、スマートフォン、タブレットなどで「離れた場所」にいる人々に送信して伝えることを意味します。

　著作権はもともと、コンテンツを作る著作者や権利を持つ著作権者の権利を守るためのものです。オンライン授業が自由にできると、権利を持つ人に金銭的な還元ができにくくなります。そこで、コンテンツの権

利を持つ人が報われるように、新しく補償金制度が導入されました。

　教育現場の教員や児童、生徒、学生は、オンライン授業などで他人のコンテンツを使うたびにお金を権利者に対して支払うのではなく、あらかじめ納めておくことで、包括的な利用が可能になります。その際、毎年、一定の金額（補償金といいます）を納めることで、かなり自由に、テキストや音楽、写真、動画などのコンテンツが使えるようになりました。権利者に、その都度、利用許可を求める必要がなくなったのです。

　問題は、「コンテンツはタダ（無料）ではない」ことをどのように、権利者と折り合いをつけるかということです。そこで現行法上無償の行為（複製等）は無償を維持しつつも、新たに無許諾で利用が可能となる公衆送信について、一元的な窓口への補償金の支払いを求めることとなりました。

補償金窓口「SARTRAS」の誕生

　補償金を取りまとめる法人として著作権法に基づいて、一般社団法人「授業目的公衆送信補償金等管理協会」（SARTRAS。「サートラス」と発音します）が設立されました。覚えにくく長い名前ですが、仕事内容をそっくり表しています。

　新組織は「コンテンツの作り手」と「コンテンツを利用する人（教員や学生、生徒、児童など）」との間に立ちます。オンラインのリモート教育にかかわる権利やお金（権利の制限に伴う補償金など）の問題を一元的に管理できるようになりました。

　新聞、言語（学術、文芸、脚本）、視覚芸術（写真、美術、漫画）、出版、音楽、映像の6分野の代表者が理事や監事となります。2019年1月に法人が成立され、2月に文化庁長官の指定管理団体となりました。

　気になるお金のことですが、児童、生徒、学生など一人当たりの補償金額（年額）について、当面小学校120円、中学校180円、高等学校

420円、大学720円といった金額となります。これらの金額が集められ、SARTRASを通じて、コンテンツの作り手に分配されるのです。

「補償金の金額が適正か」あるいは「日本だけでなく世界中に散らばっているコンテンツの作り手にはたして分配がうまくいくのか」などについてはまだまだ課題が多く残されています。その意味で、SARTRASの試みは実験的です。けれど、SARTRASのおかげで、オンライン授業が格段にやりやすくなった点が評価できるでしょう。

なお、同様の一元化した集金・分配方式は、米国、英国、ドイツ、フランスではすでに実施されています。英国の「初等中等教育」では生徒1人あたり、6.4ポンド（約980円）、「高等教育」では、9.77ポンド（約1500円）、フランスでは「初等教育」は、1.2ユーロ（約160円）、「高等教育」は2.6から5.1ユーロ(約340円から670円)です（日本円換算は2021年7月下旬のものです）。

第Ⅰ部

5分でわかる
著作権の基礎知識

教えて 1　著作権ってそもそもどんな権利なのですか?

大人の方へ

　著作権を英語で表記すると、「copyright」です。直訳すれば、「複製に関する権利」となります。法律的に言うと、著作権は著作物（コンテンツ）に関する、著作者や権利を譲り受けた人が持つ権利、となります。

　自分が創作した著作物を無断でコピーなどされないように、禁止することができる権利です。著作権の内容は細かく分かれていて、支分権と言われています。複製権のほか、インターネット（ネットワーク）送信する公衆送信権や演奏権、二次創作の権利も含めて11種類あります。

小学生の君へ

　著作権は、自分が作ったコンテンツを勝手にまね（コピー）されない権利です。友だちが自分の絵をまねて宿題として出したら悲しいですね。悲しい思いをしないために、「勝手にまねをしないで」と言うことができる権利が著作権です。

教えて 2 どうやったら著作権が取れるのですか？
どこかに登録するのですか？

大人の方へ

　著作権は、創作するとその著作物（コンテンツ）について自然に発生します。これを無方式主義といいます。手続きは要らないという意味です。ちなみに、発明に関する特許権を得るには、特許庁への出願手続きが必要です。

　たとえば、幼稚園児が絵を描いた場合、その絵は著作物となります。幼稚園児が著作者で、同時に、著作権者となります。ですので、ほとんどの人が著作者、もしくは著作権者になった経験があるのです。日本では「1億総クリエーター時代」と言われることがあります。インターネットを通して自分の著作物を簡単に発表できる時代ですが、著作物には自然に著作権が発生しています。

小学生の君へ

　何か作ったら、自動的に著作権を持つことになります。どこかの窓口に行って、手続きする必要はありません。

| 教えて 3 | ぼくの書いた夏休みの作文にも著作権がもらえますか？（小学5年男子） |

小学生の君へ

　はい。君の作文にも著作権が発生しています。ですので、君は作文の著作者だし、著作権者（著作権という権利を持つ人）です。

　ただ、たとえば、「親子で書く作文コンクール」に出す作文であれば、実際に書いた人全員が著作権を持つことになります。この場合の作文を共同著作物と言います。

　また、君が好きな文学作品を参考にして新しい作文を書くことは、二次創作と言います。この場合の作文は二次的著作物と言います。オリジナルの文学作品に新しい創作が加わっていて、その部分には君の著作権が発生します。

　オリジナルの作品にユーモアや皮肉を付け加えるパロディ作品も二次創作による二次的著作物です。

教えて 4　著作権を持つと、未来永劫に続きますか?

大人の方へ

　著作権には有効な期限があります。原則として創作したときから保護が始まり、著作者の死後70年間存続します。著作者の没後は、親族や権利を継承した人のものになります。

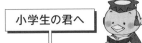
小学生の君へ

　期間が限定されています。作った人が生きている間はずっと、死んでからは70年、家族の人が相続して著作権は続きます。そして期間が終われば、ほかの人がそれを自由に使えることになります。

教えて 5　よく聞くのですが、公衆送信や公衆送信権って、
何でしょうか？

 大人の方へ

　公衆送信とは、「離れた場所」にいる人たちに「送信」して伝えることです。著作権法で「公衆」とは、「不特定の人々と、特定の多数」を指します。「特定の少数」は公衆に含みません。

　地上波テレビ放送やケーブルテレビ放送、インターネット送信などに関する権利です。おおまかに、放送とネットに関する権利と言えます。たとえば、他人が作ったマンガをネットで販売すれば、作り手の公衆送信権を侵害することになります。

 小学生の君へ

　公衆送信権は、テレビ局が作った番組やCMを放送したり、君やたくさんの人たちがそれぞれに作った文章や動画、写真をネットやSNSで送ったり、表示する際の権利です。原則として作り手だけにある権利ですが、他人に譲り渡すこともできます。

教えて 6

権利者に黙ってその人の著作物を自由に利用できる場合はあるのでしょうか？

大人の方へ

　たくさんあります。著作権者の権利が制限される場合ですので、こうした規定を「権利制限規定」と呼ぶことがあります。

私的使用のための複製（30条）

図書館等における複製等（31条）

引用（32条）

教科用図書等への掲載（33条）

試験問題としての複製等（36条）

視覚障害者等のための複製等（37条）

営利を目的としない上演等（38条）

などです。

学校などの教育機関における複製などについての35条もそうです。

小学生の君へ

　日常の生活や学校での活動の中で、自由に使えるルールもないと、いちいち許可を得る必要が出てきます。それでは大変です。たとえば、自分のためだけにコピーしたり、テレビ番組を録画したりすることは「私的使用」に相当します。自由にコピーできます。

教えて 7

著作者人格権という言葉を知りました。著作権と
人格って関係あるのですか？

大人の方へ

　コンテンツを作った人の内面を守る権利です。自作コンテンツを巡って「嫌な扱いをされた」と思うのを防ぐ権利です。子どもの頃、自分が書いた作文を、先生がいきなり読み上げたことはありませんか。恥ずかしい気持ちになりますよね。「せめて、名前を言わないでほしかった」「ちゃんと最後まで読んでほしかった。内容が伝わらない」と思うこともあります。

　著作者のハートを守る「著作者人格権」が著作権法の中に規定されています。

　大きく3つあります。作文の読み上げの例で説明します。

❶先生がいきなり読み上げることを防ぐ（公表権　18条）

❷名前を言わないでほしい（氏名表示権　19条）

❸オリジナルどおりに紹介してほしい（同一性保持権　20条）

　コンテンツは、作った人の人格の発露だという考えが根本にあります。このため著作者人格権と言います。もっとも、教育上、作文を公表するのは当たり前という考え方もあるでしょう。先生は事前に「読むけどいい？」と一言了解を求めるのが良いと思います。

小学生の君へ

　著作者人格権とは、文章を書いたり絵を描いたりした人の「気持ち」を守る権利です。たとえば、君が先生にだけに読んでもらおうと思って書いた作文を、友だちが勝手に取り上げてみんなの前で声に出して読み出したり、その作文を書いたのは君だと言いふらしたり、作文の内容をふざけた内容に変えてしまったら嫌ですよね。

　だから君が「いいよ」と言わない限り、友だちは勝手に君の作文の読み上げはできないという権利があるのです。

教えて 8

改正著作権法第35条運用指針《ガイドライン》について知りたいのですが。

大人の方へ

　著作権法第35条は、「学校その他の教育機関」において、「教育を担任する者」と「授業を受ける者」が、その「授業の過程」で利用する目的で行うコンテンツの「複製」や「公衆送信」などについて定めたものです。教育関係者にとっては無許諾・無償の利用や補償金を支払った上での利用について、いちばん気がかりなところですよね。35条の改正によってインターネットを活用した授業の幅が広がりましたが、すべてが自由になったわけではありません。「必要と認められる限度」で、かつ「著作権者の利益を不当に害すること」にならないという条件もあります。ただ、条文の規定からだけでは、こうした条件の細かいところがわからないため、コンテンツの適切な利用のために運用指針が必要になりました。

　そこで「著作物の教育利用に関する関係者フォーラム」によって、2020（令和2）年4月に《ガイドライン》が作成・公表されました。「複製」「公衆送信」「授業」といった用語の定義や、学校等における典型的な利用例について記されています。《ガイドライン》は今後も、改訂されますので、最新の情報は下記のウェブサイトから入手してください。2020年12月には令和3年版が、2021年11月には追補版が公表されました。

○著作物の教育利用に関する関係者フォーラム
https://forum.sartras.or.jp/

教えて 9　隣接する権利（著作隣接権）って何でしょうか？

　著作権法は、コンテンツの作り手だけでなく、コンテンツを伝達する実演家も保護しています。この権利を著作隣接権と言います。ピアニスト、指揮者、歌手、落語家、俳優などが実演家です。実演家以外にもレコード製作者、放送事業者、有線放送事業者に認められた著作権法上の権利です。著作物の伝達に重要な役割を担っている人が持ちます。

　たとえば、J-POPのヒット曲を歌手がピアノ演奏者と一緒にリサイタルで歌唱した場合を考えてみます。楽曲の作曲者、作詞者の著作権とは別に、演奏については歌手やピアノ演奏者に実演家としての著作隣接権が発生します。また、このリサイタルを収録すれば、収録者にレコード製作者の著作隣接権が発生します。

　著作権に準じる重要な権利です。著作権の隣りにあるという意味で著作隣接権と言っています。

教えて 10

著作物って何ですか？
出版物とは違うのでしょうか？

大人の方へ

　著作権法の第2条1項1号で規定されています。

　著作物とは「思想又は感情を創作的に表現したものであつて、文芸、学術、美術又は音楽の範囲に属するものをいう」と定められています。

　パンフレットや書籍など印刷された出版物も、広く著作物の一種と言えます。印刷物以外に、絵や音楽、映画、アニメ、演劇、オペラ、写真、動画、イラストなども著作物になり得ます。

小学生の君へ

　著作物（創作物とも言います）とは、絵や写真、彫刻、音楽、アニメなどのコンテンツを指します。出版物もその1つです。「考えや思いを自分なりに表現したモノ」が著作物と言われています。

教えて 11 どんなコンテンツでも著作権法で保護されるのでしょうか？

 大人の方へ

　いいえ、あくまで「考えや思いを自分なりに表現したモノ」が保護の対象です。防犯カメラの映像、東京の天気のデータの棒グラフ、思い浮かんだ小説のストーリーは、「考えや思いを自分なりに」でなかったり、「表現」でなかったりするので、著作権法で著作物として保護の対象とはなりません。

　ここで言う「表現」とは、目に見えたり、耳で聞こえたりする「視覚的」「聴覚的」に感知されることを指します。

「著作権法ではアイデアは保護しない」と言われます。ただ、実際にはアイデアと表現は連続している場合が多いので、その区別はとても難しいのです。

 小学生の君へ

　いいえ。なんでもかんでも保護されるわけではありません。コンテンツとして見えたり、聞こえたり、触れたりするもので、表現した人の創意工夫が入っているものです。

<table>
</table>

| 教えて 12 | 「24時間戦えますか」「くうねるあそぶ」といった、キャッチフレーズも著作物として保護されるのでしょうか？ |

 大人の方へ

　一概に言えません。ケースバイケースです。たとえば俳句のように17文字の短い作品も著作物と考えられます。キャッチフレーズも著作物と認定される場合があるかもしれません。

　短いフレーズに著作権を認めた場合を考えてみましょう。そのフレーズを考えた人が、そのフレーズを独占できることになります。そうすると、ほかの人は同一あるいは類似のフレーズを勝手に使えなくなります。それで良いのかどうか。著作権は他人の行為を禁止できる強い権利です。著作権を認めることのメリットとデメリットを考える必要があります。

小学生の君へ

　友だち同士で、交通安全の標語を作る場合を考えてみてください。たとえば、「横断歩道を渡るときは手を挙げなければならない」という内容を標語にする場合です。工夫したつもりでも、友だちの標語と似てしまうことが多いのではないでしょうか。著作権があると、似ている標語は使えなくなります。それでもいいでしょうか。キャッチフレーズは、だれでも自由に使えることに価値がありそうです。

ミステリーのアイデアも保護されるのでしょうか？

 大人の方へ

　著作権法では、視覚や聴覚に訴えるように「表現」されたものが保護の対象となり、「アイデア」は保護されません。もっとも、表現とその背景となるアイデアは表裏一体で、その区別は難しい場合があります。

　たとえば、「一郎が結婚したのは、最初から明子というより王子ホテルだったのかもしれない」という一文に著作権を認めて、「彼は王子ホテルと結婚したようなものだったのかもしれない」という他人の表現を許さない場合、ホテル業務の繁忙さという背景、アイデアまで含めて保護してしまうことになり、ほかの人は類似の表現ができなくなってしまいます。

（参考判例：箱根富士屋ホテル物語事件　知財高裁平成22年7月14日判決）

 小学生の君へ

　次のケースはどうでしょうか。「電車のなかで毒殺事件があった。刑事と探偵が犯人を追い詰める」だけでは、アイデアです。これだけでは著作権法では守られません。守られない、というのは、裏返しとして、だれでも自由にそのアイデアは使える、ということです。

活字が好きなのですが、書体（フォント、タイプフェイス）は保護されるのでしょうか？

大人の方へ

　原則として保護されません。芸術としての書や装飾文字（カリグラフィー）などは美術の著作物として保護される可能性があります。

　著作権を認めるということは、権利を持つ人だけが独占することを意味します。印刷のために字体を統一したフォントの利用を、特定の人にのみ独占を認めると、他の人は許可を得ないと同一あるいは類似の文字を使えなくなってしまいます。そうなると社会的影響が出てきます。

　なお、実用本位で大量生産品の美的創作物は著作権法では保護しません。意匠法で保護されます。美術工芸品といったものの保護の問題として応用美術があります。

小学生の君へ

　文字は、人が生きていくうえで必要なコミュニケーション・ツールです。その文字という道具をだれかに独占させてしまうと、似た文字が使えないことになります。それではとても不便になります。社会生活で不便にならないように、文字のようなものは著作権法で保護しないことにしています。

著者と著作者って、どのように違うのでしょうか？

大人の方へ

　著作権法では、著作者とは「著作物を創作する者をいう」とあります（2条1項2号）。

　ちなみに、権利や義務の主体となる個人（法律で「自然人」と言います）だけでなく、会社や団体などの法人も著作者となる場合があります（15条、法人著作とか職務著作と言います）。

　小説や論文の場合は、通常、書き手の著者が著作者です。実際に創作した人が著作者となるので、アイデアを提供しただけで執筆などの創作行為に関わらない人は、著作者となりません。

小学生の君へ

　著者、著作者、創作者、いずれも何かを作る人を示す言葉です。こうした人になるためには、具体的に手を動かしたりして作る必要があります。ですので、頭の中で考えただけでは作ったことになりません。

教えて 16

学校の図書委員をしています。学校図書館の機能や役割は、著作権ルール上、何か取り決めがありますか？

 大人の方へ

　公共図書館と学校図書館とでは異なる点があります。

　公共図書館では、一定の条件で図書や資料のコピーが自由に認められています（31条）。しかし、小学校や中学校の図書館にはこの適用はありません。それでも、児童や生徒が借りた本をコピーする場合、私的使用目的（30条）であれば可能でしょう。

　他方で、学校図書館は、教育の現場と位置付けられます。「授業の過程」で利用する限り、35条の規定が当てはまります。学校図書館で借りた本を「授業の過程」で児童や生徒がコピーしたり、インターネットで送信したりすることができます。

　学校図書館は、公立学校や私立学校など設立の違いがあります。さらに、財源や司書教諭など人の問題、またスペースの問題があり、一律で論じることが困難です。

　学校図書館のあり方について多方面から考える意義がありそうです。

 小学生の君へ

　コピーサービスはないかもしれませんが、公立の図書館と同じ感覚で利用できます。学校の図書館や図書室は皆さんが来るのを待っていますよ。どんな本が読みたいか、リクエストするのもいいかもしれません。

著作権の有無について、事前にどこかで判定してくれないのでしょうか?

大人の方へ

　発明に関する特許権と違って、著作権は手続きを必要としません。これを無方式主義と呼びます。どこにも登録されていないので、本当に著作権が発生しているかどうかわからない場合があります。事前にどこかで判断してほしい、という要望もよくわかります。しかし、いたるところで日々無数とも言える件数の著作物が発生している状況では、誰も判定できません。もっとも、最終的な判断権限は、裁判所にあります。事前には公的な判断はできません。

小学生の君へ

　そういう窓口や団体があれば良いなと思う人は多いのですが、毎日生まれるたくさんの著作物を1つ1つ判断できません。また、まとめて管理しているところはありません。トラブルがあった時に、最終的には裁判をしてみて、裁判官に聞いてみないとわかりません。

教えて 18

著作権をめぐってもめごとになったら、どうしたらよいのでしょうか?

大人の方へ

　話し合いがまとまらず、相手ともめごとになってしまったら、弁護士に交渉を依頼することが考えられます。民事あるいは刑事での対応を考えます。また、裁判手続きによるか、裁判外の手続きとして著作権法にある「紛争解決あっせん制度」を利用することが考えられます。

小学生の君へ

　まずは、相手ともめないように注意しましょう。ふだんから著作権ルールの知識を持つようにしましょう。相談できるところを知っておくことも重要です。巻末資料に相談窓口の一覧がありますので、参考にしてみてください。また、学校図書館の司書に相談してみるのも良いかもしれません。

第Ⅱ部

著作権の
常識・非常識

目次で分けている
質問のカテゴリーは
1つの目安です

Q1

社員教育で本をコピーしたい

会社での社員教育のために、市販の敬語の本を1冊だけ購入しました。社員数分だけコピーして配りますが、教育に使うためなので問題ないでしょうか。（会社役員）

Noです。このままではコピーは使えません。

【なぜ】

　著作権法35条では、教育の目的で「授業の過程」においてコピーを使うことが、ある程度認められていますが、ここでの「教育」は小、中、高、大学、高専、専修学校などの非営利の教育機関に限定されています。したがって、営利企業は教育機関に該当しません。

　また、会社で市販の書籍をコピーして使うことは、自由な利用を認めた私的使用目的（30条）にも該当しません。許可なくコピーすることは、市販品の売り上げを損ねることになり、著作権法における「著作権者の利益を不当に害しないこと」という基本ルールに反します。

【どうしたらいいの】

　出版社に問い合わせて著作権者の許可を得るか、市販されている書籍を教育対象社員の人数分購入してください。

【キーワード】 企業、教育機関、営利目的、市販、複製権

【わん！ポイント】

　市販の書籍をコピーして使いたい場合、たとえば公益社団法人日本複製権センター（JRRC）で許可を得ることができます。

Q2

公民館で、町内会の人たちを集めて無料の音楽鑑賞会を開けるでしょうか。ただし演奏家の方々には交通費のみ実費でお支払いする予定です。（町内会役員）

 ## Yesです。どうぞお使いください。

【なぜ】

　営利を目的としないこと、料金を受け取らないこと、演奏者に報酬が支払われないことの3つの条件が満たされていれば、著作権者への許可は必要ありません（38条）。実費となる交通費は報酬に当たりません。

【気をつけたいこと】

　この場合は聴衆から料金を取らないだけでなく、演奏者への報酬も支払わないことが条件であることに注意してください。どちらか一方が発生しただけでも、著作権者の許可が必要となります。

　また、原曲のイメージを損なうほどの編曲や歌詞の変更を行う場合は、著作権者の許可が必要です。ただし、既に著作権保護期間が満了して自由に利用できる作品であれば、いずれにしても問題ありません。

【キーワード】非営利の演奏、報酬、料金、保護期間

【わん！ポイント】

　教育現場でなくても非営利・無料・無報酬の上演、演奏、上映、口述は、38条で許されます。

Q3 家庭教師で教材をコピーしたい

アルバイトで中学生の家庭教師をしています。自分が中学生の頃に使っていた問題集が教材として使いやすいので、それをコピーして生徒に使わせています。(大学生)

Noです。このままでは使えません。

【なぜ】

　大学生のアルバイト先の居宅は35条の「学校その他の教育機関」には該当しないので、大学生が中学生に家庭教師をすることも「授業の過程」に当たらず、コピーを認めた35条は適用されません。さらに市販されている問題集をコピーしているため、市販品の売り上げを損ねることになり、著作権法における「著作権者の利益を不当に害すること」にならないことという基本ルールにも反しています。

【どうしたらいいの】

　生徒さん用に市販されている問題集を購入してください。あるいはその問題集を生徒さんに譲ってあげてはいかがですか?

【キーワード】アルバイト、家庭教師、市販

【わん!ポイント】

　35条の「学校その他の教育機関」に該当しないということでは、塾や予備校、カルチャーセンターなども同様の扱いになります。

Q4

学校で行われる保護者会で、参加される保護者の方々に、参考資料として新聞の一部をコピーして配付したいのですが。（小学校教員）

Noです。このままでは使えません。

【なぜ】

　保護者会は35条が適用される「授業」には該当しません。新聞の記事や紙面に著作権がありますので、新聞社の許可が必要です。なお、ベタ記事と呼ばれる数行程度の、単に事実を伝える部分やデータには、著作権は発生しません。配付資料の転記において、引用を踏まえて資料を作成してみましょう。

【どうしたらいいの】

　新聞社の許可を得てください。

【キーワード】保護者会、新聞記事の著作権

【わん！ポイント】

「新聞記事には著作権はない」というのは誤解です。また、学校で教師が関わることは授業の一環だと考えがちですが、保護者会や教職員会議、PTA主催の講座などは授業に含まれません。

Q5 _____ オープンキャンパスでコピーを配付したい

大学構内で行われるオープンキャンパスで、市販のテキストの一部をコピーして教材として受講者に配り、模擬授業を行おうと考えています。（大学教授）

Noです。このままでは使えません。

【なぜ】

　大学構内でのオープンキャンパスは、広報活動の一環です。模擬授業は35条が適用される「授業の過程」には該当しません。出版社、著作権者の許可が必要です。

【どうしたらいいの】

　出版社に問い合わせて著作権者の許可を得るか、市販のテキストを参加者の人数分購入してください。

【キーワード】

構内、オープンキャンパス、模擬授業、「授業の過程」、35条

【わん！ポイント】

　模擬授業といっても、これは教育の一環ではなく広報的な活動とみなされます。カルチャーセンターに近いイベントと考えられます。「授業の過程」を主張するなら、講師への報酬の有無も要件になるかもしれません。

Q6

大学生です。高校での教育実習で、図鑑の拡大コピーを黒板に貼り付けて使うことは問題ありませんか？
（大学生）

Yesです。どうぞお使いください。

【なぜ】

　教育目的で35条が適用されてコンテンツをコピーすることができます。そのコンテンツを翻訳、編曲、変形、翻案することもできます（47条の6）。拡大コピーも翻案として可能です。

【気をつけたいこと】

　コピーを教室で掲示することは問題ありません。しかし、コピーして生徒に配付する場合は、市販品の売り上げを損ねることになり、「著作権者の利益を不当に害すること」をしないことの条件に反してしまいます。この場合は著作権者の許可を得る必要があります。

【キーワード】教育実習、図鑑、「授業の過程」、35 条

【わん！ポイント】

「教育を担任する者」とは、授業を実際に行う人を指します。該当する例としては、教諭、教授、講師などですが、名称、教員免許状の有無、常勤・非常勤などの雇用形態は問われません。

Q7

語学教室で本をコピーしたい

個人経営の語学教室で、輸入教材を使いたいのですが、生徒
数分購入すると費用がかかるので1冊のみ購入し、コピーして
生徒に配付して授業を行っています。
（個人の語学教室）

Noです。このままでは使えません。

【なぜ】

　個人経営の語学教室は、営利を目的とするものであり、「学校その他
の教育機関」に該当せず、35条は適用されません。著作権者の許可が
必要です。

【どうしたらいいの】

　教材を生徒数分だけ購入するか、出版社もしくは販売元に問い合わせ
て著作権者の許可を得てください。

【キーワード】個人経営、営利目的、語学教室

【わん！ポイント】

　教材の購入は事業継続のための不可欠のコストです。その費用を前提
とした経営をしなければ経営者としての資質がそもそも問われそうで
す。コンプライアンス（法令遵守）が厳しく問われている現在、著作権
に対する理解を深めることも重要です。

Q8

個人指導のヴァイオリン教室で、生徒が『G線上のアリア』を弾きたいと希望したので、楽譜をコピーして渡しました。作曲者のJ.S.バッハは18世紀に亡くなっているので問題ないと判断しました。（ヴァイオリン教師）

Yesです。どうぞお使いください。

【なぜ】

　著作権が保護されるのは原則として著作者の死後70年までです。この期限は著作者が外国人でも適用されます。著作権の保護期間が満了したコンテンツはパブリックドメイン（公共財）として、誰でも自由にコピーして使用したり販売したりすることができます。

【気をつけたいこと】

　ただし、使用しようとしている『G線上のアリア』の譜面が、J.S.バッハ以外の人物による創作性のある編曲が施されており、その編曲者が存命中か、亡くなってから70年経っていなければ、その著作物は保護対象となります。この場合は編曲をした人の許可が必要です。

【キーワード】

保護期間、創作性、パブリックドメイン（公共財）、編曲の著作物

【わん！ポイント】

　2018年に著作権法が改正されて、保護期間が原則、著作者の死後50年から70年に延長されました。

Q9

予備校の講義で自著を教材として使うために、予備校の生徒のみが閲覧できるWebサイトに、PDFに変換してアップしました。すると予備校と自著の出版社から苦情がきました。著作権は自分にあるはずなのに、なぜ使ってはいけないのでしょうか。（予備校講師）

著作権は自分にあっても、このままでは使えない場合があります。

【なぜ】

著者と出版社との契約内容により、Yesの場合もあります。出版物の著作権は著者に帰属することが一般的ですが、出版社との契約上、著者といえども出版物を勝手にコピーして配付することが禁止されていることもあります。

また、契約によっては出版時に著作権が出版社や学会に譲渡されている場合もあります。出版社としては、高額な費用を投じて出版した本の売り上げを損ないかねない事態は見過ごせないでしょう。

自著が予備校から出版されている場合でも、やはり契約上問題があるのかもしれません。

【どうしたらいいの】

出版社との契約内容を確認し、必要であれば出版社から許可を得てください。

【キーワード】 自著、出版契約、譲渡

【わん！ポイント】

　研究者の論文が学会誌に掲載された場合、たとえ論文執筆者の氏名が表示されていても、著作権は学会が持っている場合があります。この場合は、論文の執筆者である学者が講演会などで、自著の論文を学会に無許可で配付することも禁止されていますので注意が必要です。

ロンドンで
生まれました。
10歳です。

長江で
生まれました。
7歳です。

Q10

塾で教科書をコピーしたい

さまざまな学校の生徒が集まる塾で講義する際に、生徒たちが使用している学校の教科書がバラバラでしたので、最も多くの生徒が学校で使っている教科書をコピーして、その他の生徒たちに配って授業を進めました。
（塾講師）

Noです。このコピーは違反です。

【なぜ】

　塾の授業は営利目的であって、塾は35条の「学校その他の教育機関」に該当しませんし、塾の授業は同条の「授業の過程」にも該当しません。したがって、コピー（複製）を認めた35条の適用外となります。著作権者の許可が必要です。

【どうしたらいいの】

　教材を生徒数分購入するか、出版社に問い合わせて著作権者の許可を得てください。

【キーワード】塾、営利目的、教科書、35条

【わん！ポイント】

　Q7と同様、著作権者から許可を得る手続きや使用料の負担は、塾経営上の必要なコスト（経費）として考えていただけたらと思います。

Q11

新聞記事を無許可で使いたい

予備校の模擬試験で、新聞記事を試験問題として勝手に使用してもよいでしょうか。それとも問題を作成する前に、新聞社に許可を得なければならないでしょうか。試験に使うのであれば問題はなかったと記憶しているのですが。
（予備校講師）

 ## Yesです。事前の許可は不要です。

【なぜ】

　新聞記事にはたいてい著作権があります。しかし著作権法には、著作物を試験問題に使う場合の規定を設けています（36条）。試験で使用する場合、事前に承諾を得ようとすると、問題が漏れる恐れがあるためです。そのため著作権者に対する事前承諾は不要です。

　ただし予備校の模擬試験という営利目的で使用するため、事後に著作権者に対する使用料の額に相当する補償金の支払いは必要です。

【気をつけたいこと】

　一度使用した試験問題を、後に過去問題として印刷物やインターネットで公開する際には、許可を求める必要があります。その場合には別途、使用料の支払いが必要になるかもしれません。

【キーワード】試験問題、新聞記事、補償金、過去問題、36条

【わん！ポイント】

　記事の利用については、新聞各社がウェブサイトで説明しています。

Q12

ヒットソングを譜面に起こして演奏したい

音楽教室の発表会で、生徒が最新のヒットソングを演奏したいと希望しています。しかしその楽曲の楽譜は発売されていません。しかたないので、楽曲を聴いて譜面に起こし、生徒に渡して演奏させたいと考えています。音楽教育の一環なので、許可は不要でしょうか。（音楽教室）

Noです。作曲者の許可を得ましょう。

【なぜ】

　楽曲を聴いて楽譜に起こすこと（採譜）はコピー行為です。作曲した人の許可が必要です。また、音楽教室は営利目的の事業ですのでコンテンツを無許可で使うことを定めた《ガイドライン》が対象とする「学校その他の教育機関」に含まれません。さらに、起こした譜面を生徒に提供することも、譲渡権（支分権の1つ、参考「教えて1」）の観点から著作権者の許可が必要です。

【どうしたらいいの】

　著作権者の許可を得て、必要な場合は使用料を支払います。

【キーワード】 音楽教室、楽譜、採譜、譲渡

【わん！ポイント】

　音楽教室ではなく音楽大学や大学の音楽学部の授業の一環としての発表会であれば、著作権者の許可は必要ありません。「学校その他の教育機関」における「授業」に当たるからです（35条）。

Q13

カルチャーセンターの文学講座で、課題図書を購入せずに図書館から借りてきてコンビニでコピーしてくる受講生がいます。センターとしては購入することを勧めています。個々人が各人の意思でコピーしているので問題はないでしょうか。
（カルチャーセンター）

 ## Yesです。法的には問題はなさそうです。

【なぜ】

Noと言いたいのですが、30条が定めた私的使用を目的とする複製に該当するため問題ありません。ただし、倫理的な問題は残ります。

【気をつけたいこと】

カルチャーセンターは《ガイドライン》が対象とする学校ではありません。カルチャーセンターでコピーをする場合は著作権者の許可が必要です。また、市販の書籍を、多数の受講生が個々にコピーすることは書籍全体の売り上げを損ねることになります。著作権法は「著作権者の利益を不当に害しないこと」を基本ルールにしていますので、この意味でも購入を勧めるべきです。

【キーワード】カルチャーセンター、私的使用、コピー、図書館、30条

【わん！ポイント】

大学生が教科書を買わず、各々がコピーしている様は、教科書を作る側からすれば、困ったものです。

Q14

図書館で1冊分のコピーをしたい

中学校の授業で使うために、担任の教員が公共図書館で本を1冊分コピーし、それをPDF化して、担任の自分と副担任とで共有しようと考えています。(中学校教員)

Noです。図書館で1冊分コピーすることはできません。

【なぜ】

　図書館でのコピーですが、31条では、図書館で複写できる範囲を「著作物の一部分」と規定しています。「著作物の一部分」とは通常「半分を超えないもの」と理解されます。1冊分まるごとコピーすることはできません。

　一方、PDF化したこと自体は授業のために使うので問題ありません。また、副担任と常に意思疎通をはかっているなら、共同で授業を運営していると理解されそうです。共有は可能でしょう。

【どうしたらいいの】

　著作権者の許可を得るか、書籍を購入してください。

【キーワード】図書館、担任、副担任、31条

Q15 フリーペーパーの誌面が写真に写り込んでいた！

企業の研修施設で、フリーペーパーを全員分入手して配付し、研修を行いました。その様子を写真に撮ってSNSにアップしたところ、誌面が写り込んでいる写真が多数ありました。著作権法上問題になりませんか。（研修担当）

Yesです。問題はありません。

【なぜ】

　まず、営利団体である企業の研修施設は、著作物の利用を自由にした35条の「学校その他の教育機関」には該当しませんので、他人のコンテンツ（著作物）を使うことは、著作物の使用許可が必要です。しかし、撮影した写真に意図せず写り込んでしまった場合は、30条の2の規定により著作権の侵害には当たりません。

【気をつけたいこと】

　30条の2の規定では、写り込んでしまったコンテンツに関しては著作権侵害になりません。たとえば人物を撮影したらTシャツにプリントされているミッキーマウスのイラストが写り込んでいても問題ありません。ただし、「写り込み」ではなく、SNSで公開して広告収入を得ようとするなど、意図した「写し込み」は許されません。

【キーワード】 写真、SNS、写り込み

【わん！ポイント】

　動画撮影中にヒット曲が録音されてしまった場合でも同じです。

Q16

私は盲学校の教員です。話題の新刊書を読んだところ大変感
動しました。この本を盲学校の授業で使う予定はなかったの
ですが、生徒に読んでほしくて点訳して配付しました。著作
権者の許可を得ていなくても大丈夫ですか。
（視覚特別支援学校教員）

Yesです。社会福祉の目的が優先されます。

【なぜ】

　一般に「授業の過程」で使わないのであれば、複製行為は35条の適
用外になります。しかし37条で、視覚に障害がある人のためにコンテ
ンツを点字に複製することが認められています。問題ありません。これ
は、目の不自由な人に対する福祉を増進させるための規定です。社会福
祉上の理由が著作権者の利益より優先されることを示します。

【気をつけたいこと】

　著作権を保護することは非常に大切ですが、著作権法は教育や社会福
祉を優先させるという柔軟な運用を認めています。

【キーワード】点字、社会福祉、視覚障害者のための複製

【わん！ポイント】

　聴覚に障害がある人のために音声を字幕などで複製することも認めら
れています（37条の2）。Q90参照。

Q17

学校で採択されている教科書に掲載されているエッセイの全部を、授業中のみ使う目的で教員が板書する予定です。問題ありませんよね。（高校教員）

Yesです。許可不要です。

【なぜ】
《ガイドライン》では「教科書に掲載されているエッセイの全部を授業で教員が板書する」ことが著作権者への許可不要でかつ無償でコンテンツを利用できる例としてあげられています。

【気をつけたいこと】
「教科書に掲載されている」が条件であることに注意してください。この場合の教科書とは、教育委員会等で採択され生徒全員が既に持っていることを示します。教育委員会等で採択されていない教科書は一般書籍の扱いになります。

【キーワード】教科書、板書、ガイドライン

【わん！ポイント】
　この使用例が認められているポイントは、次の点です。既に生徒全員が持っている教科書を使うことと、授業が終われば消されてしまう板書であってコピーが配付されるわけではないことです。したがって「著作権者の利益を不当に害すること」にはなりません。

Q18

単行本のエッセイの大部分を板書してしまっていた

市販の単行本を1冊購入し、エッセイ部分を授業で何回かに分けて板書しました。最終的には単行本の半分を超える部分を板書していたことになったのですが、問題ないでしょうか。（高校教員）

Noです。半分を超えてはいけません。

【なぜ】

《ガイドライン》の「2.学校等における典型的な利用例」項の A）許諾不要、無償で著作物を利用できると考えられる例」をみてみましょう。「単行本に掲載されているエッセイの小部分」であれば著作物を板書して利用できると示されています。しかし、結果的に単行本の半分を超えた場合は小部分とは言えなくなります。

【どうしたらいいの】

著作権者の許可を得て、著作権使用料を払ってください。もしくは単行本を生徒の人数分購入してください。

【キーワード】単行本、小部分、大部分、板書、ガイドライン

【わん！ポイント】

板書について、教科書は利用できましたが、単行本は利用できない場合があります。教科書は既に生徒数分購入されているのに対し、単行本は購入されておらず、「著作権者の利益を不当に害する」可能性があるためです。

Q19

新聞に掲載されている写真と記事をコピーして授業のための
資料を作成します。 それを事務補助員に依頼して印
刷してもらっても問題ないでしょうか。（小学校教員）

 ## Yesです。 問題ありません。

【なぜ】

　新聞掲載の写真や記事には、多くの場合、著作権があります。しかし
授業で使うためにコピーすることは問題ありません。

　また、この場合の事務補助員は、《ガイドライン》の「教育を担任す
る者」と同一視できるため、印刷を依頼しても問題ありません。

【気をつけたいこと】

　新聞の一部をコピーして配付してかまわないのは授業で使うことを目
的にする場合に限られます。すぐには授業で使う必要性がないにもかか
わらず、とりあえずコピーして印刷しておくことはできません。

【キーワード】 新聞、写真、記事、事務補助員

【わん！ポイント】

「授業の過程における利用」かどうかが判断の基準です。また、「将来
使うかもしれない」という理由でコピーすることを認めると、「なんで
もコピーできる」ことになりかねません。

保護者にも新聞のコピーを配りたい

授業参観が来週あります。新聞掲載の写真と記事を、生徒の部数だけではなく参加される保護者の分もコピーしても問題ないでしょうか。(中学校教員)

 Yesです。保護者の分もOKです。

【なぜ】

　まず、授業参観は35条の「授業」に該当しますので、新聞の一部をコピーすることは問題ありません。

　次に、授業参観に参加される保護者は35条の「授業を受ける者」には該当しません。しかし、《ガイドライン》の「複製の部数・公衆送信の受信者の数」項において、授業参観の参観者に、授業で配付する著作物と同一の著作物を配付することは「必要と認められる限度と考えられる」と記載されています。したがって、授業を受ける生徒が35名で、参加した保護者が10名であれば、45部を印刷しても問題ありません。

【気をつけたいこと】

　授業参観に参加を予定している保護者の人数が分からないときに、多少多めの部数で印刷することは常識の範囲内で可能ですが、明らかに多すぎる部数を取り置くことはできません。残部は適切に処分する必要があります。

【キーワード】 授業参観、保護者、新聞、ガイドライン

Q21 _____ 報道番組を録画してホームルームで視聴したい

授業で教材として使用するために、テレビの報道番組の一部を録画しました。ホームルームで視聴しても問題ないでしょうか。（中学校教員）

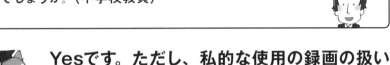 **Yesです。ただし、私的な使用の録画の扱いには注意が必要です。**

【なぜ】

35条では、ホームルームは授業に該当しますので視聴することは問題ありません。テレビの報道番組の録画を使用する際に著作権者の許可は不要です。

【気をつけたいこと】

授業で使用することを目的として録画したテレビの報道番組を授業で使用することは問題ありません。ただし、私的使用を目的として録画した番組を視聴覚ライブラリーに保存することはできません。「必要と認められる限度」を超えることとなるだけでなく、「複製物の目的外使用等」（49条）に当たるおそれがあり、その場合、複製権侵害とみなされます。

【キーワード】テレビ番組、録画、ホームルーム

【わん！ポイント】

たとえ授業の目的であっても、テレビ番組をクラウド・サーバーに集めてライブラリー化することは認められません。

宿泊施設の従業員にコピーを頼みたい

修学旅行中の生徒に旅行ガイドの一部を配付しようと思います。宿泊施設の従業員にコピーを頼むことはできますか。（小学校教員）

Noです。コピーを頼む相手が問題です。

【なぜ】

　35条では、修学旅行は教室外での「授業」に当たると解されます。市販の旅行ガイドブックの一部を生徒のためにコピーすること自体は著作権者の許可を必要としません。また、教員の指示で事務補助者が学校の設備を利用してコピーをする場合は、教員自身によるコピーとみなされますので問題はありません。しかし、学校の設備から離れて学校の管理が及ばない形でコピーを取ることは教員自身によるコピーとは認められず、問題となります。

【どうしたらいいの】

　35条の「教育を担任する者」である教員自身が、宿泊施設の複写機を利用してコピーを取れば問題ありません。

【キーワード】修学旅行、宿泊施設、従業員

Q23

新聞掲載の写真と記事をコピーして、教職員研修センター主催の教員研修で研修資料として配付したいのですが。
（指導主事）

Yesです。事前の許可は不要です。

【なぜ】

《ガイドライン》では「教職員研修センターが行う、教員に対する教育活動」を授業に該当するとしていますので、新聞の一部をコピーする際に著作権者の許可は必要ありません。

【気をつけたいこと】

　ただし、主催者が教職員研修センターでも、研修対象が民間企業の社員であったり、一般市民であったりなど教員以外の場合は授業に該当しません。著作権者の許可が必要になります。

【キーワード】

新聞、教職員研修センター、教員研修、授業、ガイドライン

【わん！ポイント】

　教員の免許状更新講習では任意選択科目として「著作権」も含まれています。今後は必修科目化が望まれるところですが、残念ながら、この制度は廃止が予定されているようです。

Q24 _____

写真集をコピーして簡易製本したい

日本各地の祭りの写真集の中から数十ページをカラーコピーして簡易製本を考えています。社会科の教材として長く授業で使いたいのですが。（小学校教員）

Noです。許可が必要です。

_____

【なぜ】

カラーコピーによる簡易製本をすることは、授業で「必要と認められる限度」を超えていると考えられます。著作権者の許可が必要になります。

カラーコピーを取って簡易製本することは、写真集が購入されることを妨げることを意味します。つまり、「著作権者の利益を不当に害する」ことになります。

【どうしたらいいの】

写真集の一部だけをカラーコピーして、必要なページだけ使用するなら、「必要と認められる限度」とみなされるでしょう。大部分を使うのであれば著作権者の許可を得るか、授業を受ける生徒数分の写真集を購入しましょう。

【キーワード】写真集、カラーコピー、簡易製本

【わん！ポイント】

一般社団法人日本写真著作権協会では、教育目的で利用できるデジタル化された写真のデータベースを公開しています。便利ですね。

Q25

良くできている市販の算数ドリルを買いました。授業で使いたいのですが、児童にわざわざ購入させずに、自分の一冊をコピーして児童に配付しようと思っています。
（小学校教員）

Noです。人数分、購入してください。

【なぜ】

　市販のドリルが購入されることを妨げたことになり、「著作権者の利益を不当に害する」ことになります。

【どうしたらいいの】

　著作権者の許可を得るか、市販のドリルを児童数分購入してください。

【キーワード】市販のドリル、ワークブック、白地図

【わん！ポイント】

　ドリルに限らず、ワークブックや白地図なども、市販品の売り上げを妨げることはできません。これらのコンテンツは一人ひとりが購入、使用することが前提で作られています。値段もこのことを前提に設定されている点に注意してください。

Q26

太宰治の小説の大部分をコピーしてしまった

太宰治（1909-1948）の小説を授業のたびに生徒に少しずつ
コピーして配付しました。学期末には小説の大部分
をコピーしていました。（高校教員）

Yesです。問題ありません。

【なぜ】

　著作者の死後50年間の著作権保護期間が満了したコンテンツ（パブ
リックドメイン＝公共財）ですので、自由にコピーできます。2018年
に著作権の保護期間が70年に延びましたが、太宰治が亡くなった1948
年であれば保護期間は50年とされており、著作権は消滅していまし
た。改正後の保護期間の規定では遡及しないことになっています。

【気をつけたいこと】

　著作権の保護期間が過ぎていても、著者以外の人が表現を修正するな
ど編集した出版物（編集著作物と言います）が広く流通しているケー
スがあります。この場合、編集した人や出版社が著作権を持っているこ
とがありますので、少しでも懸念がある場合は出版社などに問い合わせ
るといいでしょう。

【キーワード】小説、保護期間、パブリックドメイン

【わん！ポイント】

　著作権の保護期間は著作者が死亡した年の翌年1月1日から計算し、
70年後の12月31日までとなります。

Q27 — 又吉直樹の小説の大部分をコピーしてしまった

又吉直樹（1980-　）の小説を授業のたびに生徒に少しずつコピーして配付しました。学期末には小説の大部分をコピーしてしまいました。（高校教員）

Noです。このままでは使えません。

【なぜ】

又吉直樹（ピース又吉）は存命中で、彼のコンテンツの著作権は保護期間内にあります。そのため、授業に使う目的でも、大部分のコピーはできません。

なぜなら小説の大部分をコピーすることにより、出版物が購入される機会が奪われたことになり、「著作権者の利益を不当に害する」ことになるからです。

【どうしたらいいの】

著作権者の許可を得るか、市販されている書籍を生徒数分購入してください。

【キーワード】小説、保護期間、「著作権者の利益を不当に害する」

【わん！ポイント】

本来購入して利用する性質のコンテンツを購入せずに済ませようとする対応は、おすすめできません。作家は一冊でも多く自著が売れることを願っているでしょう。作家の気持ちを考えて、作家をリスペクトする姿勢を生徒に養ってほしいですね。

Q28

テレビ映像の全編を保存してしまった

理科の授業で使うために、テレビ番組の映像を録画しました。予約録画の機能上、必要な範囲を超えて全編が保存されました。授業での使用は問題ありませんか。
（中学校教員）

Noです。このままでは使えません。

【なぜ】

「必要と認められる限度」を超えているため使えません。

また、テレビ番組は後日有料で配信されたりDVD等のメディアで販売されたりする可能性がありますので、「著作権者の利益を不当に害する」ことにもなります。

【どうしたらいいの】

授業で使用する部分のみを録画保存し、授業に臨んでください。

【キーワード】テレビ番組、予約録画、「著作権者の利益を不当に害する」

【わん！ポイント】

NHK for Schoolでは教育目的の番組を公開しており、理科に限らず積極的な活用が望まれます。

Q29 _____

日めくりカレンダーにある「日本のことわざ」を、毎日黒板に板書して、児童にノートを取らせました。その結果、大部分を書き写させたことになってしまいました。
（小学校教員）

Yesです。どうぞお使いください。

【なぜ】

　ことわざには著作権はありませんので、自由にコピーできます。

【気をつけたいこと】

　ここでは板書したものをノートに書き取らせているため、ことわざの文言だけが複製されているので問題はありません。しかし、カレンダーなど独自のデザインが施されている印刷物を、コピーして大部分を配付する場合は違ってきます。印刷物に著作権がありますので、授業のためであっても「必要と認められる限度」を超えることになります。

【キーワード】ことわざ

【わん！ポイント】

　存命中の著名人による名言で独創性があり、ある程度の長さの文章になっていれば、著作権がある場合もあります。そのため、念のため発案者に確認を取る必要があります。

Q30 ___ 村上春樹の小説の日本語版と英訳版のコピーを配付した

村上春樹の短編小説の英訳版からまるごと一編分を朗読して
書き取らせ、答え合わせのために原書（日本語版）
と英訳版両方をコピーして配付しました。（高校教員）

Noです。このままでは使えません。

【なぜ】

村上春樹の作品は、英訳版にも日本語版にも著作権があります。この
質問では、朗読（口述）、書き取り、コピーが行われています。授業で
行っている複製ですので問題がないように思えますが、短編集の中の一
編をまるごと複製するのは「必要と認められる限度」を超えることにな
ります。

【どうしたらいいの】

短編の小部分だけを授業で使うようにしてください。もし、まるごと
一編を使うのであれば、著作権者の許可を得てください。

【キーワード】 短編小説、英訳、朗読（口述）、書き取り、一編

【わん！ポイント】

翻訳物には、翻訳者の著作権も発生しています。オリジナルが日本語
で、その英訳版を使う場合は、原作者の他に翻訳者の許可も必要になり
ます。

Q31

雑誌のスキャンデータを他の教員に譲った

授業のため『現代評論』を1冊まるごとスキャンして保存しました。しかし内容が難しかったため授業で使えず、上の学年の担当教員にデータを譲りました。
（高校教員）

Noです。このままでは使えません。

【なぜ】

　1冊まるごとスキャンすることは、「著作権者の利益を不当に害する」ことになります。35条の適用がありません。

　なお、35条や30条の適用で複製が許された著作物の複製物であっても、不特定の人や特定多数の人に譲渡するといった、当初の目的以外に転用して使用することはできません（49条1項1号）。

【どうしたらいいの】

　スキャンしたデータを消去してください。

【キーワード】雑誌、担任、スキャン、データ

【わん！ポイント】

　市販の書籍を自分で裁断してスキャナーでデータ化することを「自炊」といいます。自炊行為は自分だけで行う限りでは、私的使用目的の複製として許されますが（30条）、代行業者に任せると問題があります。代行業者の利用規約をよく読んだうえで上手に利用しましょう。

Q32
粘土で模造したゆるキャラの写真を投稿した

図画工作の時間に、児童に地元の"ゆるキャラ"を紙粘土で模造させました。それを撮影して地元紙に投稿しましたが、問題ありませんか。（小学校教員）

Noです。著作者に確認することでOKの場合もあります。

【なぜ】

ゆるキャラにも著作権があります。ここでは地元のゆるキャラとのことなので、著作権者は地方自治体と考えられます。また、平面に描かれたゆるキャラを粘土で立体化した場合には「変形」が行われています。加えて、撮影していることで「複製」が行われています。

この場合、粘土で模造している段階までは、授業で行われたことですので著作権上の問題はありません。しかし、地元紙に投稿するために撮影したことは授業過程外での複製であり、また、私的使用の目的を超えていますので、著作権上問題があります。

ただし、ゆるキャラによって規定が違います。「許可なく、自由にどうぞ」というケースもあります。利用については著作権者に確認してください。

【どうしたらいいの】

「授業の過程」での粘土の模造までは問題ありません。しかし、地元紙への投稿のための撮影は止めてください。

【キーワード】ゆるキャラ、撮影、地元紙、投稿、30 条

【わん！ポイント】

　ゆるキャラはその性格上、より多くの人に親しんでもらって利用されることで存在価値が発揮されます。

　ゆるキャラの利用には、通常「黙示の許諾」があります。その場合、暗黙に「自由にお使いください」としていると考えられます。

Q33

ある生徒がヒット曲をピアノ用にアレンジして記譜しました。出来が素晴らしいので複製して授業で音楽クラス全員に配付しました。（高校音楽教員）

Yesです。どうぞお使いください。

【なぜ】

　生徒は個人的な楽しみのために譜面を複製することができます。また、その際には、アレンジすることができます。生徒が記譜したものを「授業の過程」で利用するのであれば、35条が当てはまり、複製して利用することができます。

【どうしたらいいの】

　出来が素晴らしい作品であれば、授業で取り上げれば生徒の学習効果もあるのではないでしょうか。

【キーワード】私的使用の目的、音楽、複製、翻案、編曲、30条

【わん！ポイント】

　オリジナルの楽曲を編曲して新たな創作性が付与されると、それは二次的著作物として編曲した人も著作権者になります。その編曲した楽曲が独自に保護されます。もっとも、編曲作品には、オリジナルの楽曲の作曲家の著作権が関わってきます。編曲者だけの判断では、編曲作品を自由に利用することはできません。JASRACに「編曲した楽曲」を申請すると、審査を受けた上で新たな楽曲と認定されます。

Q34 _____

4年前に使用していた教材が改訂されたので、当時のデータは教員同士の勉強のために自由に使ってもよいと考えています。また、それをグループLINEで教員仲間と共有したいのですが。（中学校教員）

 Noです。LINEで共有することは認められません。

【なぜ】

　教材は改訂されても著作権はありますので、データでの共有は1冊まるごと複製することと同じであり「必要と認められる限度」を超えるため認められません。

　また、教員同士でもグループLINEでデータを共有することは、授業を目的とした公衆（ネットワーク）送信に該当しないため認められません。

【どうしたらいいの】

　著作権者の許可を得てください。

【キーワード】教材、改訂、LINE、共有、公衆送信

【わん！ポイント】

　ただし、教材が絶版となっており、入手が困難な場合は授業に使用することを目的としていれば、まるごと1冊の複製が認められます。

Q35

学校の教材データを USB にコピーして持ち帰りたい

学校のサーバーに保存しておいた教材データを、授業の準備のために、USBメモリにコピーして持ち帰りました。そして家族と共有している自宅のパソコンのハードディスクにコピーしました。良いでしょうか。（中学校教員）

 ## Yesです。問題ありません。

【なぜ】

教員のコピーは35条の「授業の過程の利用に供することを目的とする」複製と、30条の私的使用目的の複製に当たると考えられるので、問題ありません。

【気をつけたいこと】

家族と共有しているパソコンを仕事で使用する際は、うっかりデータが共有されたり、漏洩したりしないように、ログインの権限を分けるなどしてセキュリティ上の注意をしてください。

【キーワード】

サーバー、USB メモリ、自宅、家族、パソコン、共有、公衆送信

【わん！ポイント】

本来は、授業に関わる業務は学校施設内で完結させるように努力、工夫することが望ましいところです。

Q36

自宅で録画した民放のエンターテイメント系テレビ番組がおも
しろかったので、給食の時間に教室で児童に視聴させました。
その際、CMをカットせずにそのまま流したのですが、
問題はありますか。(小学校教員)

 Noです。このままでは使えません。

【なぜ】

　給食の時間は特別活動の一つであり、授業に当たりますが、そのため
に娯楽番組を児童生徒に視聴させることが「必要と認められる限度」と
いえるか(そもそも視聴させる必要があるのか)という疑問が生じま
す。35条の適用を受けない場合、教員が私的使用目的で複製した複製
物の目的外使用(49条)に当たるおそれがあります。

【どうしたらいいの】

　給食の時間に教育の目的に合わないテレビ番組を視聴させてはいけま
せん。

【キーワード】民放、テレビ番組、給食

【わん！ポイント】

　そもそも食事中に、娯楽番組を見ながら食べることの指導そのもの
が、教育の場として適切かどうかを考える必要があります。仮に食育の
一環としてテレビ番組を視聴するのであれば、必要な限りで利用するべ
きです。

Q37

学校のホームページに映画が写り込んだ

夏休みに学校施設内で映画鑑賞会を実施し、その様子を撮影した写真を学校のホームページにアップしました。ところがアップした写真には、スクリーンに投影されていた映画が写り込んでしまっていました。（小学校教員）

Yesです。意図したものでなければ大丈夫です。

【なぜ】

撮影した写真にコンテンツが偶然写り込んでしまった場合は、明らかにそのコンテンツを撮影することを意図していなかったのであれば、30条の2の規定により著作権の侵害には当たりません。

【気をつけたいこと】

明らかに映画のシーンが写り込むことを意図したアングルや、スクリーンの映像が主となるように撮影された写真を撮らないようにしましょう。

【キーワード】ホームページ、写真、写り込み、映画

【わん！ポイント】

学校のホームページや『学校だより』に、アイキャッチの目的でキャラクターや漫画の１シーンを掲載することはやめましょう。

Q38

著作権セミナーの研修で初めて聞いた「公衆送信」について
教えてください。児童のみにメールを送る際も、「公
衆」への送信になるのでしょうか。（小学校教員）

Noです。メールは違います。

【なぜ】

　公衆送信とは、「離れた場所」にいる人々にコンテンツを「送信」す
ることを意味します。放送やインターネットなどが「公衆送信」にあた
ります。放送には、たとえば地上波デジタル放送やケーブルテレビ放送
があります。インターネットを使う場合は、特に「自動公衆送信」とい
う用語を使います。担当クラスの児童は「公衆」にはあたりません。し
たがってこの場合、「公衆送信」ではありません。

　著作権はコピーを作ることだけでなく、「伝える」ことも視野に入れ
ています。

【キーワード】

公衆送信、自動公衆送信、送信可能化

【わん！ポイント】

　郵便を送ること、特定少数へのメール送信、保護者へのFAX、学校内
LANでの送信は、いずれも「公衆」相手ではありません。ただし、学
校内LAN上に設置されたサーバー経由でも、コンテンツを外部に送信
する場合は公衆送信となります。

Q39

Q38と同じ研修を受けた者です。学校と児童の自宅を結ぶ授業の呼び名がいろいろあって、混乱しています。リモート授業はオンライン授業と同じですか？ また、オンデマンド型とリアルタイム型、同期型と非同期型、どう違うのですか。（小学校教員）

Yesです。ここでは、同じ意味で使われています。

【なぜ】

リモート授業とは遠隔（リモート）にいる生徒や児童向けに授業を行うことです。送受信技術を使うので、必然的にオンラインとなります。オンデマンドとは「希望に応じて」というのが、もともとの意味です。つまり、「好きな時に」コンテンツを視聴できます。非同期型です。これに対して、同時中継型のものをリアルタイム型と言います。同期型を意味します。

【キーワード】

対面授業、オンデマンド授業、同期型、非同期型

【わん！ポイント】

一口でオンライン授業と言ってもさまざまな形態があります。長所も欠点もそれぞれです。先生と子どものかけ合いが必要な場合は、同期型となります。非同期型は子どもが自分のペースで視聴できるメリットがあります。

Q40

板書したエッセイを遠隔授業で２校が共有した

板書したエッセイの一部を、インターネットを使った2校の遠隔授業で同時中継し、大型画面に表示しました。また、その授業で配付する資料も、授業中に、生徒たちが使用している端末に送信しました。（中学校教員）

Yesです。どうぞお使いください。

【なぜ】

《ガイドライン》の「許諾不要、無償で著作物を利用できると考えられる例」の「リアルタイム遠隔合同授業」に該当します。

【気をつけたいこと】

録画したファイルを学校のホームページ上で生徒限定で公開し、生徒が好きな時間に動画を再生することは、「オンデマンド（非同期）型公衆送信」として、補償金を支払ったうえで可能です。

【キーワード】

板書、エッセイ、リアルタイム遠隔合同授業、オンデマンド

【わん！ポイント】

今まで補償金を支払わなくても利用できた態様については、これまで通り補償金制度の対象外です。

Q41

授業の様子をネットで自宅の児童に送信したい

学校の教室で行われている対面授業の様子をインターネットを使って児童の自宅に同時送信したいと考えています。
（小学校教員）

Yesです。どうぞお使いください。

【なぜ】

教員の面前に児童がいる場合（対面授業）でのインターネット配信となります。自宅の児童や生徒が授業の様子をリアルタイムで受信して視聴する同期型オンライン授業は、教室で授業を受けていることと同等の扱いを受けます。

【気をつけたいこと】

録画したファイルを学校のホームページ上で生徒限定で公開し、生徒が好きな時間に動画を再生することは、「オンデマンド（非同期）型公衆送信」として可能です。

【キーワード】 対面授業、自宅、同時送信

【わん！ポイント】

補償金の支払いさえあれば、教員の面前に児童や生徒がいない「スタジオ型授業」や、生徒が好きなときに視聴できる「オンデマンド（非同期）授業」が可能です。

Q42 ネットを使った遠隔交流授業で新聞記事などを使いたい

修学旅行の事前学習として、旅行先の現地の学校と、新聞記事や写真、テレビ映像を用いながら、リモート会議システムでリアルタイムの遠隔交流合同授業を行いたいと考えています。良いでしょうか。（小学校教員）

 ## Yesです。大丈夫です。

【なぜ】

《ガイドライン》の「許諾不要、無償で著作物を利用できると考えられる例」の「リアルタイム遠隔合同授業」に該当します。

　つまり、遠隔交流授業は、お互いの教室が一つの教室で授業を受けていることと同等の扱いとされ、遠隔合同授業として著作権法の改正前から認められていました。

【気をつけたいこと】

　高速通信環境の整備に伴い、ますます交流授業がしやすくなってくるかと思います。技術的な面は慣れが必要ですが、ぜひ積極的に活用してください。

【キーワード】修学旅行、リモート会議システム、遠隔交流授業

【わん！ポイント】

　遠隔合同授業の前後に予習・復習のための教材を送信することは、補償金の支払いをすることで、許可を得なくても可能となります。

Q43　　　　　教科書を読み上げた動画をクラウドにアップしたい

授業の一環です。教科書に掲載されている英語スキットを教師が朗読しているシーンを動画で撮りました。これを、生徒のみがアクセス可能なクラウド・サーバーにアップロードしても構いませんか。（中学校教員）

Q44　　　　　教科書の写真をクラウド・サーバーにアップしたい

予習・復習の資料として、生徒がいつでも資料を閲覧できるように教科書のコンテンツや絵画、写真等をクラウド・サーバーにアップロードしようと考えています。
（高校教員）

Q45　　　　　新聞記事を使った教材をクラウドにアップしたい

授業で使うために、全国各地でのSDGsの取り組みを紹介した複数の新聞記事を題材に教材を作成しました。近々、クラウド・サーバーにアップロードしようと考えています。
（小学校教員）

3つとも同じテーマですね。
Yesです。どうぞお使いください。

【なぜ】

　いずれも教育目的の「公衆送信」にあたり、補償金を支払うことで、許可なくアップロードすることができます。

　教科書掲載のスキットであれば、想定された利用と言えます。ただし、教科書とはいえ、授業の範囲を超えてその大部分をコピーしてアップロードすることはできません。

　Q45の新聞記事も問題ありません。多いに活用してください。

【気をつけたいこと】

　クラウド・サーバー（インターネットで利用できるコンテンツ集約サーバー）でデータを公開する際には、生徒のみが閲覧できるように、アクセス権を設定してください。生徒以外の人（家族や友人）は閲覧できません。

　新聞利用にあたっては、新聞社が提供している有料記事データベースの利用規約には注意しましょう。

【キーワード】 教科書、スキット、朗読、動画、クラウド・サーバー、アクセス権

【わん！ポイント】

　オンデマンド型とは、学習者が希望したときにいつでもコンテンツを閲覧・視聴できる配信方法です。また、補償金の支払いがあると許可なく配信が可能で、予習や復習のために、生徒にサーバー経由で送信することもできます。

Q46
パンフレットをクラウド・サーバーにアップしたい

修学旅行で訪ねる神社仏閣について、タブレットPCから参照できるようにするため、神社仏閣が発行しているパンフレットをスキャンしてクラウド・サーバーにアップロードしようと考えています。（中学校教員）

Q47
オンライン授業で教科書や新聞を使いたい

生徒がいない場にいる教員が、自宅等にいる生徒とリモート会議システムを使い、写真や教科書等の文章、新聞記事やウェブページなどを使ったオンライン授業を行うことに問題はあるでしょうか。（高校教員）

Q48
テレビ番組の一部をストリーミング配信したい

教員が録画したテレビ番組を、授業に必要な範囲だけ生徒のタブレットPCへストリーミング配信するのは問題ないでしょうか。（高校教員）

Q50

画集からスキャンし、タブレットにダウンロードさせたい

教員が、同一の画集の中から多くの作品を選んでスキャンし、電子ファイルにしてクラウド・サーバーにアップロードしました。それを美術の授業で生徒が、一人ひとりに貸与されたタブレット端末にダウンロードできるようにしたいと考えています。（高校教員）

 ## Noです。このままでは使えません。

【なぜ】

「多くの作品を選んで」ということになると、生徒が使用しない作品までスキャンし、アップロードすることとなり、「必要と認められる限度」を超えているように思えます。同時に市販の画集が購入されることを妨げたことになり、「著作権者の利益を不当に害すること」になります。

【どうしたらいいの】

　著作権者の許可を得るか、市販の画集を生徒数分購入してください。

【キーワード】画集、絵画、スキャン、ダウンロード、タブレット

【わん！ポイント】

　パリのルーブル美術館やニューヨークのメトロポリタン美術館など主要な美術館や博物館では、ネット上で収蔵作品を公開し、積極的な活用をうながしています。日本でも、著作権の切れた作品をネット上で公開しているところが増えてきました。

Q51

ドリルをスキャンして児童にメールで送信したい

教師が漢字ドリルを児童には購入させず、学校や教員が持っている漢字ドリルをスキャンして、児童に宿題としてメールで送信しようとしています。(小学校教員)

Noです。やってはいけません。

【なぜ】

ドリルやワークブックは使用者一人ひとりが購入する前提で作られています。市販の漢字ドリルが購入されることを妨げたことになり、「著作権者の利益を不当に害すること」になります。

【どうしたらいいの】

市販の漢字ドリルを児童数分購入してください。

【キーワード】 ドリル、スキャン、宿題、メール、送信

【わん！ポイント】

著作権法は「授業の過程」の複製行為に寛容ですが、ドリルやワークブック、白地図など児童や生徒がひとりずつ購入することになっている著作物の複製は認めていません。このケースは典型的に「ダメ」な例です。

Q52

とりあえず多数の小説やエッセイをアップロードしたい

教員が授業と直接関係あるなしに関わらず、多数の小説やエッセイをスキャンしてデータ化し、授業で使用しているクラウド・サーバーにアップロードしようとしています。
（高校教員）

 Noです。授業で用いないものはアップロードはできません。

【なぜ】

　コンテンツを許可なくアップロードして良いのは、「授業の過程」での使用に限られます。仮に授業で使用することが目的であったとしても、必要の範囲を超えた複製はできません。また、仮に授業では使わず私的な用途としての複製であった場合でも、公衆送信を著作権者に対して無許諾では行えないため、クラウド・サーバーにアップロードすることはできません。

【気をつけたいこと】

　コンテンツをアップロードする場合は、必ず「授業の過程」でのみ使用するものに限定しましょう。

【キーワード】小説、エッセイ、クラウド・サーバー、アップロード

【わん！ポイント】

　デジタルデータは、一度インターネットに流出すると消し去ることは困難です。その扱いには細心の注意が必要です。

Q53

出版物を少しずつスキャンしたら大部分になっていた

出版物の一部を授業のたびにスキャンして、生徒に予習の教材として電子送信していました。その結果、出版物の大部分をコピーしてしまっていました。（高校教員）

Noです。このままでは使えません。

【なぜ】

　出版物の大部分を複製することは、出版物が購入されることを妨げる恐れがあり、「著作権者の利益を不当に害する」ことになります。

【どうしたらいいの】

　著作権者の許可を得るか、出版物を生徒数分購入してください。

【キーワード】 出版物、スキャン、一部、大部分

【わん！ポイント】

　著作権者の立場に立って、コンテンツの利用を考えてみることも時には必要です。

Q54 読み聞かせ動画をクラウド・サーバーにアップしたい

絵本の読み聞かせ動画をクラウド・サーバーにアップロード
し、園児が自宅からいつでも視聴できるようにした
いと考えています。（幼稚園教諭）

 ## Noです。このままでは使えません。

【なぜ】

　オンデマンドで視聴できるようにすることは「著作権者の利益を不当
に害する」ことになります。動画の利用は教員の指示の下で行われるべ
きです。

【どうしたらいいの】

　絵本の読み聞かせをリアルタイムでオンライン配信することは可能で
す。

【キーワード】絵本、読み聞かせ、クラウド・サーバー、オンデマンド

【わん！ポイント】

　絵本は出版物の中でも長く読み続けられます。そのため「著作権者の
利益を不当に害する」ことになっていないか、「必要と認められる限度」
を超えていないかについても、慎重に考える必要があります。

Q55

番組を録画してクラウド・サーバー上でライブラリー化

さまざまな分野のテレビ番組を、授業で自由に使えるようにするため、継続的に録画してクラウド・サーバーにアップロードして蓄積し、ライブラリー化したいと考えています。
（高校教員）

 Noです。ライブラリー化はできません。

【なぜ】

授業で使うためであっても、さまざまなテレビ番組を継続的に録画することは「必要と認められる限度」を超えていると考えられます。

また、ライブラリー化することは「著作権者の利益を不当に害すること」になります。

【どうしたらいいの】

授業に必要な部分だけを録画して使用してください。

【キーワード】

テレビ番組、録画、クラウド・サーバー、ライブラリー化

【わん！ポイント】

テレビ番組は放送後にアーカイブ化されて、有料あるいは無料のコンテンツとしてテレビ局から配信される場合があります。ライブラリー化は「著作権者の利益を不当に害すること」になる可能性があります。

Q56

教科書関連の映像をいつでもダウンロード視聴したい

授業に必要な範囲を超えて、教科書関連の映像や音楽の全編を録画しました。それを教員や生徒がいつでもダウンロード視聴できるようにクラウド・サーバーにアップロードしておきたいと考えています。（高校教員）

Noです。授業に必要な部分だけにしてください。

【なぜ】

　映像や音楽の全編を録画してクラウド・サーバーにアップロードしておくことは「必要と認められる限度」を超えていると考えられます。

　また、いつでもダウンロードできるようにすることは「著作権者の利益を不当に害すること」になりそうです。

【どうしたらいいの】

　授業に必要になった部分だけを録画して使用してください。

【キーワード】映像、音楽、録画、クラウド・サーバー、ダウンロード

【わん！ポイント】

　授業終了後に、生徒の要望に応じて資料を提供する目的で、教員が複製やネットワーク送信をする場合は、別途の契約を結ぶ必要があります。

Q57

教科書をスキャンしてPDF版デジタル教科書をつくりたい

教員である私が、自分で紙の教科書の全ページまたは大部分をスキャンし、PDF版デジタル教科書を作成して児童に配信したいと考えています。（小学校教員）

Noです。「必要と認められる限度」を超えています。

【なぜ】

全ページまたは大部分をスキャンしてデジタルブック用に複製することは「必要と認められる限度」を超えていると考えられます。また、すでに同じ出版社から出ている「学習者用デジタル教科書」と競合するかもしれません。

【どうしたらいいの】

教科書をPDFに置き替える場合、必要な部分やページにとどめてください。

【キーワード】教科書、スキャン、PDF、デジタル教科書

【わん！ポイント】

学習者用デジタル教科書は、平成31年度から利用されています。しかし令和3年現在では、紙の教科書との併用が前提です。GIGAスクール構想の中で、デジタル教科書の本格的な導入（令和6年度以降）がいっそう進むと思われます。

Q58

教科書を解説する授業映像をホームページで公開した

学校のホームページなどに、教師が教科書などを解説する授業映像をアップロードしたのですが、パスワードが設定されていないので児童以外の誰でも見られる状態になっていました。（小学校教員）

Noです。視聴を制限してください。

【なぜ】

　教科書を解説する映像中には教科書も映っていると考えられ、誰でも視聴できることは「必要と認められる限度」を超え、「著作権者の利益を不当に害すること」になります。

【どうしたらいいの】

　児童や生徒だけが視聴できるようにアクセス権を制限してください。

【キーワード】ホームページ、教科書、パスワード、アクセス権

【わん！ポイント】

　学校関係者以外の人が閲覧できるという著作権の問題以外に、第三者による悪意のある改ざんなどでセキュリティ上の問題が生じることがあります。細心の注意が必要です。

Q59 自家製ドリルを宿題として保護者に一斉メール送信した

放課後、保護者に自家製ドリルを宿題としてメールで送信しました。学童保育に通う児童用には学童保育所宛に送信しました。自家製ドリルの内容は教員の完全オリジナルで、教科書や市販のドリルからの流用は一切していませんので問題はないと判断しました。（小学校教員）

Yesです。著作権法上の問題はありません。

【なぜ】

この場合はドリルを作った先生に著作権がありそうです。多数にメール送信していますが、送信者に著作権があるため問題ありません。学童保育所は著作権法上の「学校その他の教育機関」に該当しますので、著作権法上の問題はありません。学童保育には、放課後児童クラブ（厚生労働省の管轄）、放課後子ども教室（文部科学省）と民間の学童保育があります。民間の学童保育は、個人経営の教育施設ともいえるので、「学校その他の教育機関」にあたるかどうかは、ケースバイケースの判断となります。

【気をつけたいこと】

自家製ドリルに、市販の問題集やワークブックから流用した部分が含まれる場合は送信できません。

【キーワード】

放課後、保護者、自家製ドリル、学童保育、オリジナル、流用

Q60

新聞の投書欄に自校の生徒の投書が掲載されたので、紙面を
スキャンして学校のホームページに掲載しました。投書欄部分
をトリミングして他の記事は含まれないようにしたの
で問題ないと判断しました。（高校教員）

Noです。新聞社の許可が必要です。

【なぜ】

　新聞の投書欄に載った投書の著作権は、本人が持つとは限りません。
著作権は新聞社に帰属する場合が多いのです。著作権が新聞社に帰属し
ていない場合は、投稿者の許可を得る必要があります。

【どうしたらいいの】

　新聞社の規約を確認し、著作権が新聞社に帰属していれば、新聞社に
学校のホームページに掲載する許可を得てください。著作権が投稿者に
帰属している場合は、投稿者の許可を得てください。

【キーワード】新聞、投書欄、ホームページ

【わん！ポイント】

　生徒のために良かれと思っていても、必ずしもそうとは限らないこと
があります。生徒がどう感じるか、生徒の思いを知る必要もあります。
肖像（生徒の容姿）、個人情報と同じくらい、著作権についても配慮が
必要です。

Q61

表彰される生徒の動画を動画共有サイトにアップした

自校の生徒が絵画コンクールで表彰されたので、表彰式の様子を動画撮影し、動画共有サイトにアップしました。動画には表彰された生徒以外の生徒は映っていませんし、生徒自身の許可も得ています。（中学校教員）

Yesです。本人の許可があればOKです。

【なぜ】

生徒を撮影した動画を、動画共有サイトにアップロードする場合には顔や姿が写る生徒本人の許可があれば問題ありません。このケースは著作権ではなく、肖像権の問題です。

【気をつけたいこと】

ただし、表彰式で表彰される生徒を撮影した動画を動画共有サイトで公開するためにはいくつかの注意が必要です。

まず、表彰式の主催者から撮影の許可を得る必要があります。

次に、撮影した映像に、コンテンツが写り込んでいた場合は、写り込みの程度によっては著作権者の許可を得るか、映像から削除する必要があります。また、映像に他の人が映り込んでいた場合はその人の許可を得る必要があります。さらに、生徒本人が許可したとしても、生徒のプライバシー保護や人物が特定されることで危険はないかなど、保護者などが配慮すべきことが多くあります。

【キーワード】

コンクール、表彰、撮影、肖像権、プライバシー、動画共有サイト

Q62 　　　ヒット曲をアレンジして文化祭で演奏したい

合唱部が、令和のヒット曲を4/4拍子から3/4拍子にアレンジ
して、歌詞も生徒たち自身が替え歌にして文化祭で
発表しました。(高校教員)

Noです。根本的な変更にみえます。

【なぜ】

　ある楽曲の拍子やリズムを変えることは、曲の根本的な改変になりま
す。たとえば「世界に一つだけの花」をマーチ風やワルツ風の変えると
同じ曲のように感じ取れなくなるでしょう。これは、著作権のうちの同
一性保持権を侵害することになります。同一性保持権は、文化祭という
教育の現場でも制限されません。この問いのケースは認められません。
歌詞を変えることも同様です。

【どうしたらいいの】

　曲を作った人と相談してください。

【キーワード】合唱部、ヒット曲、アレンジ、編曲、文化祭

【わん！ポイント】

　同一性保持権はまた、創作した人の内面(ハート)に関わる著作者人
格権のひとつです。描いた絵が無断で修正されたり、作った粘土細工の
形が変えられたら、嫌な気になりますよね。著作権は作った人(著作
者)のハートも保護する権利なのです。自分が作る人の身になって考え
たらいかがでしょうか。

Q63

文化祭の映像が動画共有サイトで公開されていた

文化祭の様子を撮影した動画ファイルを、授業で使用するためにオンラインストレージにアップロードして、教員と保護者で共有していましたが、ある保護者がそれを動画共有サイトにアップしてしまいました。（高校教員）

Noです。危険が伴います。

【なぜ】

授業で使用する目的で保管されていた動画ファイルを、動画共有サイトで公開すると「授業の過程」外の用途で利用したことになります。

また、映像に写っている生徒たちの肖像権の侵害にもなりそうです。さらに、生徒の姿が公開されているという危険も伴います。

【どうしたらいいの】

動画共有サイトで公開されている動画を削除してください。また、動画を動画共有サイトで公開した保護者には注意をしてあげてください。

【キーワード】文化祭、動画、動画共有サイト

【わん！ポイント】

学校によっては、保護者への注意喚起も含めて、各学校で生徒の肖像や著作物の取り扱いを定めた「取り決め」をしているところもあります。参考にしてはいかがでしょうか。

Q64

自校の卒業生がエースとして甲子園出場することが決まり、そのニュース映像や新聞記事を集めたウェブサイトを見つけました。このサイトへのリンクを自校のホームページに貼ろうと考えています。（中学校教員）

Yesです。リンクを貼ることはOKです。

【なぜ】

自校のホームページに他のウェブサイトへ移動するためのリンクを貼ることは、移動先ウェブサイトのURLを記述するだけでコンテンツを複製しないので問題ありません。

【気をつけたいこと】

自校のホームページに他のウェブサイトへのリンクを貼る場合は、移動先ウェブサイトの健全性を確認する必要があります。移動先のウェブサイトに違法性がある場合は、違法サイトへ誘導することになりますので、注意してください。

【キーワード】ホームページ、リンク、違法性

【わん！ポイント】

令和2年の著作権法改正では、海賊版コンテンツ対策として、海賊版コンテンツへのリンク情報を集めたサイト（リーチサイト）を運営することや、海賊版コンテンツへのリンクの掲載自体が違法とされています。

Q65

ゼミ合宿の余興として、音楽配信サイトから最新ヒット曲を流して、皆で合唱をしたいのですが。
（大学生）

Yesです。みんなで歌ってください。

【なぜ】

　誰かのコンテンツである最新ヒット曲も、次の3つの条件が揃った場合に、みんなで合唱することができます。①お金もうけを目的としない（非営利であること）、②聴衆から料金を受けない、③出演者などに報酬を支払わない。「非営利の演奏」（38条）として教育現場では複製の場合（35条）と並んで出番の多い、重要な取り決めです。

【気をつけたいこと】

　ただし、公衆送信（インターネット送信）は対象外です。なお、自分たちで演奏して合唱している動画をYouTubeで流す場合、音楽著作権の管理団体であるJASRACが管理する国内楽曲であれば、JASRACとYouTubeとの取り決めによって可能となります。

【キーワード】非営利の演奏、YouTube、38条

【わん！ポイント】

　YouTubeに音楽を付けて動画を配信する場合、ライブもアーカイブも、CDや音楽配信の音源（原盤）を利用する場合は著作隣接権者（音源を製作した人や演奏している実演家）の許可が必要です。

Q66

校内で音声無料ダウンロードを利用したい

校内のかるた大会で、百人一首の本の購入者向け音声無料ダウンロードを利用しました。実はこの本は買わなかったのですが、問題ないでしょうか。（小学校教員）

 Noです。規約違反かもしれません。

【なぜ】

ダウンロードする際に、使い方の取り決め（利用規約）を確認すると、「購入者が利用する限りで」といった条件が付されているかと思います。条件も著作権者と利用者との間の合意、契約ですので、契約違反とならないようにしなければなりません。

【気をつけたいこと】

インターネット上のコンテンツについて、IDやパスワードなしで簡単にダウンロードできるからといって、自由に利用することができるわけではありません。また、「フリー素材」という表記があったとしても、利用規約で使い方が決められている場合がありますので、しっかり確認することが必要です。

【キーワード】フリー素材、利用規約、契約

【わん！ポイント】

たとえば、人気のフリー素材「いらすとや」の利用規約を見ると、1つの制作物（チラシやポスター、スライド、資料など）につき20点までとの制限があります。

オープンキャンパスで朗読したい

> オープンキャンパスで、本学出身の作家の作品を抜粋して朗読し、作品の作者を当てるクイズを計画しました。著作権者の許可は得ていないのですが。（大学生）

Yesです。朗読であれば問題ありません。

【なぜ】

　Q65と同様、一定の条件が揃えば朗読が認められます（38条）。ただし、オープンキャンパスの活動それ自体は授業にはあたらず、35条は適用されません。クイズの解答、解説として作品を複製して配付したりする場合は、著作権者の許可が必要です。

【気をつけたいこと】

　作品を朗読している場面を録画してインターネットに掲載する場合は、著作権者の許可が必要です。他人のコンテンツを許可なくインターネットで利用する場合は、それらが「引用」にあたる場合などに限定されます。なお朗読は著作権の中の「口述権」に相当します。

【キーワード】非営利の上演、授業、口述権、38条

【わん！ポイント】

　新型コロナウイルスの感染防止もあって、絵本の読み聞かせ動画をインターネットで配信する事例が多くなりました。善意であっても著作権者の許可なしでは認められません。絵本の出版社を通して許可を得るようにしましょう。

Q68

教職員会議の延長線上で教職員研修を実施します。これは教育活動なので、コンテンツのコピーを資料として配付します。（中学校教員）

Noです。引用の範囲にとどめてください。

【なぜ】

　教職員会議は35条の「授業の過程」にはあたりません。教職員研修が教職員会議の延長にあるのであれば、教職員会議と同様、その研修会では許可がなければ複製物の利用はできません。

【どうしたらいいの】

「引用」であれば許可をとらずに利用することができます。著作権法の引用ルール（32条）を守り資料の作成に工夫をされてみてはいかがでしょうか。

【キーワード】教職員会議、「授業の過程」

【わん！ポイント】

　教員に対する教育活動のうち、教育センターや教職員研修センターが実施する場合は35条の授業に該当します。

Q69 _____ 楽譜を無償で譲り受けたい

野球部が甲子園初出場を決めたので、急きょ、ブラスバンド
部を結成しました。楽譜は他校から無償で譲り受け
ることにしています。（野球部顧問）

Yesです。ただし、コピーを取ることに問題があります。

【なぜ】

　楽譜の譲り渡しが楽譜出版社との間の契約で制限されていない限り、
他校への譜面の無償の譲渡は問題とはなりません。また、その楽譜を利
用して、甲子園で応援のために演奏をすることは、非営利の演奏として
38条で認められています。

　ただし、楽譜をコピーしたり、配信したりすることは慎みましょう。

【気をつけたいこと】

　部員数分の購入が前提の楽譜や吹奏楽編成用の楽譜である場合は注意
が必要です。その楽譜を1部だけ入手して部員の数だけコピーすること
は、35条の「著作権者の利益を不当に害すること」にならないことと
いう基本ルールに反しますので、許されません。

【キーワード】非営利演奏、部活動、楽譜、楽譜コピー問題協議会（CARS）

【わん！ポイント】

　教師用指導書や問題集、教育用映像ソフトなどは、利用者数分の購入
や利用許諾契約が前提となっています。コピーして利用しないようにし
なければなりません。

Q70

大学のサークルで戯曲を上演したい

大学の演劇サークルで、木下順二（1914-2006）の『夕鶴』
を上演したいのですが、許可は必要でしょうか。
（大学生）

Noです。許可は必要ありません。

【なぜ】

　今回の上演が、①お金もうけを目的としない、②聴衆から料金を受け
ない、③出演者などに報酬を支払わない、の3つの条件を満たせば、許
可なしで上演することができます。

【気をつけたいこと】

　たとえ非営利の上演の場合であっても、作品を大幅に変更することは
認められていません。内容を変更する権利（翻案権）や著作者人格権が
あるからです。作品に手を加えて利用する場合は、出版社を通じて著作
者、著作権者（相続人といった権利の継承者）の許可を得る必要があり
ます。

【キーワード】演劇、非営利の上演、38条

【わん！ポイント】

　教育現場で他人のコンテンツを利用する場合は、「著作権者の利益を
不当に害すること」にならないことと「著作者へのリスペクトを忘れな
いこと」（著作者人格権の尊重）の視点が重要です。

Q71

FD の場で教材をコピーしたい

大学教員を対象としたセミナーで、科学雑誌の最新号を教材にした。実は必要部数の半分しか購入できなかったので、残りはコピーして配付したい。(大学教員)

Noです。複製の申請窓口があります。

【なぜ】

　教職員を対象として大学で実施されるセミナーや情報提供は、35条の授業に当たりません。コピーして利用するには著作権者の許可が必要です。

　大学ではFD（教員研修）やSD（職員研修）が開催されます。いずれも、「授業の過程」とはみなされません。

【どうしたらいいの】

　書籍や雑誌の奥付に、複製する際の申請窓口が記載されている場合があります。一般社団法人学術著作権協会や公益社団法人日本複製権センター、一般社団法人出版者著作権管理機構などの団体です。

【キーワード】

大学、FD（Faculty Development）、SD（Staff Development）、セミナー

【わん！ポイント】

　学校の教員や事務職員の研修は、「授業の過程」に相当しません。35条が適用にならないのです。

Q72

生徒数人がボランティアとして介護施設を訪れ、生徒が契約
しているサブスクから音楽を流して入居者と一緒に歌った。施
設の方からこっそり図書カードを手渡されたようで、
無償とはいえないケースになってしまった。（高校教員）

Yes or No。なんともいえません。

【なぜ】

　こっそりもらった図書カードの位置付けで分かれそうです。お金もう
けではない演奏の3つの条件が当てはまる場合は、許可なく曲を流して
一緒に歌うことができます（Q65参照）。また、交通費や昼食代といっ
た実費であれば、報酬にはあたりません。この場合、先生が、実費を超
えて報酬を得ている場合と考えるのであれば、条件を満たさないことに
なります。原則に戻って著作権者の許可を得る必要があります。

【どうしたらいいの】

　本来、交通費も経費もかからない地域でのボランティア活動ですね。
施設側の気持ちは受け取るとしても、金券などはケジメとしても受け取
らないような活動ルールが必要ではないでしょうか。

【キーワード】非営利の演奏、ボランティア、報酬、38条

【わん！ポイント】

　学校の指導とは関係なく生徒が自主的なボランティア活動をする場合
は授業にあたりません。

Q73

保護者会での撮影と公衆送信

保護者会で、1人が持参した受験関連の雑誌記事を複数人が
スマホで撮影し、当日欠席していた保護者にも送信
した。（小学校保護者会）

Noです。送信は認められていません。

【なぜ】

　保護者会は授業に当たらず、35条の適用がありません。また、ごく数名の知り合いのなかでの私的な使用を目的とするコピーであれば許されます（30条）。しかし、インターネットで送信することは認められていません。欠席者は自分でコピーする必要があります。

【気をつけたいこと】

　他人のコンテンツのコピーについてですが、個人的に、または家庭内くらいの限られた範囲内で使用する場合は、許可がいりません。これを「私的使用のための複製」といいます。使用する者が自らコピーしなければならないこと、また、インターネット送信は認められていないことに注意が必要です。

【キーワード】私的使用目的、30条

【わん！ポイント】

　デジタル時代、個人による複製利用のあり方もさまざまです。テレビ番組を1か月分、全て録画保存もできる時代です。インターネットで送信すると、「著作権者の利益を不当に害すること」になりかねません。

地域の人が自由に参加できる保育所のバザーでのこと。有名キャラクターを模写した看板を作って目立つ場所に置きました。(保育所バザー係)

 Noです。事前の許可が必要です。

【なぜ】

保育所も35条の適用がある教育機関ですが、バザーは通常、授業にあたらないとされています。原則通り、著作権者の許可が必要となります。

【気をつけたいこと】

35条が適用される場合であれば、キャラクターをコピーして利用することができます。けれど、そもそもなぜそのキャラクターを利用するのか、その目的、意味合いを今一度、考えてみてはいかがでしょうか。

【キーワード】キャラクター、授業

【わん!ポイント】

集客力のあるキャラクター(コンテンツ)にも作り手が存在します。

また、保育所のほか、認定こども園、学童保育なども教育機関に該当します。また、社会教育施設である公民館、青少年センター、生涯学習センター、図書館、博物館、美術館も教育機関と位置付けられています。

Q75

有料ソフトをコピーしたい

PTA主催の親子プログラミング教室があります。有料のソフトを1人が購入し、コピーできるようであれば、皆で使おうと考えています。（PTA主催）

Noです。契約上、複製はできません。

【なぜ】

PTA主催の講座、セミナーは「授業」にあたらず、35条の適用がありません。また、本来、有料ソフトは1人1ライセンスの契約となっており、無断でコピーすることは契約上できません。

【どうしたらいいの】

原則通り、利用者数分のライセンス契約をする必要があります。コンピュータやゲームソフトでコピープロテクトがかかっているものは、これを外す時点で著作権侵害となります。

【キーワード】PTA、授業、ソフトウェア

【わん！ポイント】

著作権法における「著作権者の利益を不当に害すること」にならないことという基本ルールを確認しましょう。自宅のパソコンにソフトをインストールする際、何台まで入れることができるのか、確認をされたうえで購入をしていると思います。仮に、制限以上にインストールすることができたとしても、それは契約違反になります。

Q76 — 他の教員のために教材のコピーを保存した

学校の事務職員に頼んで、教材をスキャンしてPDF化しました。他のクラスの担任も必要になるかもしれないので、PDFデータは削除せずに事務職員のパソコンに保存してあります。（小学校担任教員）

Noです。教員間の使いまわしはできません。

【なぜ】

　まず、事務職員といった教育支援者や補助者が教員の指示のもと、学校内の設備を用いてコピーをする場合は、教員自身の複製行為と捉えられます。したがって、事務職員による教材のデータ化自体は35条で問題ありません。しかし、そのデータを他の教員が使用することを見越して保存しておくことは「必要と認められる限度」を超えるので、認められていません。

【気をつけたいこと】

　教員間で他人の著作物を含んだ教材を共同で使いたい場合は、別途、許可を得る手続きが必要になります。

【キーワード】教育を担任する者、教員間での流用、ライセンス契約

【わん！ポイント】

「他の教員が使うかもしれない」と将来を見越して複製を作ることには慎重でいてください。これを認めると、世の中の全てのコンテンツをコピーしても良いことになります。

Q77 _____

非常勤講師によるドリルのコピー

非常勤講師をしています。ドリルを忘れてきた児童に、その日使うページをコピーして渡しました。ドリルは児童全員が購入しています。（小学校非常勤）

 Yesです。問題ありません。

【なぜ】

　非常勤講師も「教育を担任する者」にあたりますので35条が当てはまります。ドリルは児童全員分の購入がされていますし、この場合は必要最小限の範囲でのコピーとなっています。いずれも35条における「著作権者の利益を不当に害すること」にならないことという基本ルールには反していません。

【気をつけたいこと】

　ドリルやワークブックといった、1人1部を購入することが前提の教材については、特にそのコピー利用には注意が必要です。

【キーワード】教育を担任する者、ドリル、ワークブック

【わん！ポイント】

《ガイドライン》は、「著作権者の利益を不当に害すること」になる可能性が高く、35条の補償金の範囲では利用できない例として、次のものをあげています。教師用指導書、参考書、資料集、問題集、ドリル、ワークブック、テスト・ペーパー、授業で教材として使われる楽譜、副読本、教育用映像ソフト。

Q78 _____

> 小学校で英語授業のアシスタントをすることになりました。市販の英語絵本をコピーしても大丈夫でしょうか。（フリーランス）

 ## Yesです。ただし、注意が必要です。

_____

【なぜ】

　授業を実際に行う人であれば、名称や教員免許状の有無や常勤、非常勤といった雇用の形態を問わず、教育を担当する者にあたり、35条が当てはまります。

【気をつけたいこと】

　絵本をすべて、または大部分をコピーすることは許されていません。授業の都度、生徒に配付するために紙にコピーしたところ、最終的には絵本のほとんどをコピーしてしまうようなことも認められていません。

【キーワード】教育を担任する者、アシスタント、絵本、35条

【わん！ポイント】

《ガイドライン》では、授業で「必要と認められる限度」を超えて、映像や音楽の全編をコンピュータに保存することは「著作権者の利益を不当に害する」とされています。

Q79

録画した番組を視聴させたい

教育実習生です。テレビ番組を録画して、教材として生徒に
視聴させたいのですが。
（教育実習生）

Yesです。ただし条件があります。

【なぜ】

　教育実習生も「教育を担任する者」にあたり、35条が当てはまります。授業に必要な範囲であれば、コピーすることができます。

【気をつけたいこと】

　映像や音楽の全編を児童生徒がダウンロード視聴できるようにする際は、注意が必要です。《ガイドライン》では、授業に必要な範囲を超える利用は、「著作権者の利益を不当に害すること」になり、著作権者の許可が必要であると示されています。

【キーワード】教育を担任する者、教育実習生、映像

【わん！ポイント】

　これから教育現場で活躍する教育実習生には、著作権の考え方に触れることで、著作権の考え方やルールを知ってほしいと願います。

Q80

教育実習生が実習期間内にコンテンツの複製データを使用しました。実習終了後、そのデータを職場のパソコンに保存しました。（教育実習指導教官）

Yesです。しかし、授業以外の目的では利用できません。

【なぜ】

「授業の過程」で作成された教材については、保存してかまいません。その教材を指導した教員が授業の機会に再び利用することができます。

【気をつけたいこと】

　ただし、そうした教材を授業以外の目的で他人に配付したり、提示することは、本来の目的と異なる、新たな複製行為とみなされます（49条）。著作権者の許可が必要となります。

【キーワード】教材、資料、目的外使用、49条

【わん！ポイント】

　著作権法で「複製（コピー）しても良い」場合に気をつけるべきは、「目的」です。当初の意図と異なる目的で複製を利用することはできません。

Q81

大学のティーチングアシスタントを務めています。自分が学部生だったときの試験問題をコピーして学部生に配付してもよいでしょうか。（大学院生）

Yesです。必要な範囲で行ってください。

【なぜ】

この場合は、大教室の授業で担当教員の手助けをするティーチングアシスタントを務める院生も、「教育を担任する者」にあたります。「授業の過程」での複製については、35条が当てはまります。

【気をつけたいこと】

学部の科目で出題された試験問題を素材に学習することは、よくあることだと思います。とはいえ、数年分のコピーを簡易製本して、複数年にわたって使える教材にすることは、「必要と認められる限度」を超えています。授業の範囲をよく確認して判断することです。

【キーワード】教育を担任する者、必要と認められる限度

【わん！ポイント】

各大学ではティーチングアシスタント制度を充実させていますが、その活動内容は多岐にわたります。たとえば、単に出欠を取ったり、資料を配付する役割の人は「教育を担任する者」ではありません。35条の適用業務であるのかどうか、注意が必要です。

Q82

複数の大学で非常勤講師をしている者です。Ａ大学が契約している有料コンテンツを複製して、Ｂ大学の授業で配付してよいでしょうか。（非常勤講師）

Noです。一般的に流用は制限されています。

【なぜ】

　非常勤講師も「教育を担任する者」にあたり、35条が当てはまります。有料コンテンツについては契約（利用規約）で流用（他への使いまわし）が制限されていることが一般的です。

【気をつけたいこと】

　Ａ大学で利用している有料コンテンツをＢ大学でも利用したい場合は新たにＢ大学でも契約することが必要です。

【キーワード】大学、教材

【わん！ポイント】

　有料コンテンツでもさまざまで教育利用の有無に関わらず複製や公衆送信を契約で禁止していることがあります。こうした場合の教育目的利用について《ガイドライン》では、今後の検討課題として残されています。

Q83

《ガイドライン》によれば「授業を受ける者」の該当例として、科目等履修生があげられています。一般の学生と何か異なるのでしょうか。（高校生）

Noです。異なることはありません。

【なに】

　各大学では、特定の科目を学外の学生や社会人が履修できるようにしています。この履修者のことを「科目（等）履修生」と呼びます。聴講生と呼ばれる場合もあります。一般の学生と同様に、期末試験などで合格すれば、単位を得ることができます。教室では科目等履修生は一般学生と同じ扱いを受けるので、著作権制度においても「授業を受ける者」となります。

【気をつけたいこと】

　35条の適用がある授業であれば、「必要と認められる限度」で一般学生と同じ教材を科目等履修生にも公衆送信することができます。

【キーワード】科目等履修生、大学

【わん！ポイント】

　名称や年齢、資格を問わず、学校等の教育機関で実際に学習する者が「授業を受ける者」になります。

Q84

授業では使わない教材なのですが、読んでおくとためになる
本の一部を、生徒が読めるように複製して公衆送信
した。（中学校教員）

 ## Noです。本の紹介にとどめてください。

【なぜ】

　授業で使わない以上、35条が当てはまりません。複製や公衆送信を
無許可で行うことはできません。

【どうしたらいいの】

「読んでおくとためになる」と言ったら、世の中の全ての本が対象に
なってしまいます。立ち読み機能がある書籍販売のインターネットサイ
トを案内することも考えられます。

【キーワード】「授業の過程」、教材、リンク

【わん！ポイント】

　リンク情報を提供することは自由です。ただし、違法なストリーミン
グやダウンロードをするサイトへのリンクは、違法行為を助長すること
になるので、するべきではありません。自分が著作者の立場にいたとき
に、同じ考えが持てるかどうか、考えてみましょう。

Q85

作文の課題図書を5冊選定し、生徒がその中から選びやすい
よう、5冊すべての最初の2ページ程度を公衆送信し
ました。（中学校教員）

Yesです。どうぞお使いください。

【なぜ】

　5冊すべてが「授業の過程」で扱われることになる可能性が高いので
すね。最初の数ページであれば、「著作権者の利益を不当に害するこ
と」にならないことという基本ルールにも反しないため、35条が当て
はまる場合と言えます。

【気をつけたいこと】

　もっとも、場合によっては、インターネットサイトの書籍立ち読み機
能を利用させたり、引用の形を取るといった工夫を考えることも大切で
す。

【キーワード】 授業、教材、複製、公衆送信

【わん！ポイント】

　さまざまな教材をクラウド・サーバーに集めてライブラリー化する
ケースがあります。児童生徒が好きなときにアクセスしてダウンロード
できるわけですが、明らかに授業に必要な範囲を超えています。35条
における「著作権者の利益を不当に害すること」になります。

Q86

保護者から届いたデータの扱い方

遠足で訪れる場所の地図と資料をコピーして、児童に配付しました。すると「もっと詳しいガイドブックがある」と保護者から本のデータが送られてきました。好意に感謝を示しましたが、使いませんでした。使っても良かったでしょうか？
（小学校教員）

Yesです。使わなくて良かったです。

【なぜ】

　保護者の複製行為が問題になりそうです。遠足や集団宿泊的行事は、初等中等教育の特別活動です。授業にあたり、35条が当てはまります。しかし、この保護者は主体的に授業を実施する立場にありません。さらに、この保護者のコピー行為は私的な使用を目的としていません。

【気をつけたいこと】

　保護者によるコピーは、この場合、私的使用のための複製に当たらないでしょう。また、保護者は教育の従事者ではありません。作り手の権利を侵害しています。

【キーワード】ガイドブック、遠足、特別活動

【わん！ポイント】

　保護者からのデータを元に、改めて独自の資料を作成すると良いですね。ガイドブックに掲載されている客観的な情報自体（路線データ、年譜、気象の数値など）には著作権がありませんので、活用できます。

Q87

図録全部のコピーは可能か

開催中の美術展で購入した図録をコピーして授業で配付したいと考えています。作品自体は作者の没後70年を過ぎていますので、図録の全部をコピーしても良いでしょうか。
（美術教員）

Noです。図録全部のコピーは認められません。

【なぜ】

「授業の過程」で使う場合でも、販売中の図録を全部コピーすることは、「必要と認められる限度」を超えないこと、また、出版社を含む「著作権者の利益を不当に害すること」にならないことの条件に違反してしまうからです。

【気をつけたいこと】

図録の写真自体に写真家の著作権が発生している場合があります。また、「必要と認められる限度」での利用であることが大切です。

【キーワード】図録、鑑賞、保護期間

【わん！ポイント】

たとえ取り上げられた作品自体は著作権が切れていても、図録に掲載する際は、図録の作り手の「見せ方」に創造性があるかもしれません。この場合、図録には著作権があると考えられます。

Q88

授業では使用しないのですが、参考文献として歴史マンガの
タイトルを紹介したところ、ある生徒がその本を持っていて、
数ページ分をクラス全員にストレージ配信してしまい
ました。（高校教員）

Noです。使い方の指導をしましょう。

【なぜ】

　授業で使用しないコンテンツの扱いは慎重であるべきです。さらに、
生徒の行為は私的使用のための複製にあたりません。クラス全員に、立
ち読み機能がある電子書籍サイトの利用を指導しましょう。

【気をつけたいこと】

　特定で少数の友人数名にコピーをメールで配付することはできます。
ただ、インターネット上で配信することはできません。

【キーワード】私的使用、自動公衆送信、30条

【わん！ポイント】

　私的使用のための複製は、家庭内の狭い範囲での使用に限られます。
ホームページにデータを置いたり、ストレージサービスを利用する自動
公衆送信は認められていません（30条、49条）。

Q89

塾の教材を共有する生徒たち

有名進学塾に通っている生徒が、塾に通っていない友だちに、塾の教材をメールしていっしょに学習しているようです。注意するべきでしょうか。生徒たちの学習意欲をそぐのは本意ではないのですが。（高校教員）

Yesです。大丈夫です。

【なぜ】

　このケースでは、「授業の過程における利用」という35条が当てはまりません。しかし、私的使用のための複製の規定（30条）の範囲で可能となりそうです。

【気をつけたいこと】

　塾も営利活動として質の高い教材を費用と労力をかけて作成しています。このケースはメールでしかも相手が1人ならば問題なさそうです。しかし、組織的な運営は慎んでください。「著作権者の利益を不当に害すること」にならないようにしなければなりません。

【キーワード】 私的使用、30条

【わん！ポイント】

　特定少数の者の間でのEメールでのやり取りは、公衆送信にあたりません。

Q90

弱視の生徒のために詩集を音読して、録音データを送信しました。後日、他の生徒からも「欲しい」と言われたので、結局、全員に送信しました。（中学校教員）

Noです。その他の生徒への送信は認められません。

【なぜ】

　弱視の生徒のための詩集の音読（口述）と、その録音データの送信は、「授業の過程における利用」として認められます（38条、35条）。しかし、その他の生徒への措置は「授業の過程における利用」とは言えません。

【気をつけたいこと】

　作成した資料については行き当たりばったりの利用ではいけません。他人の著作物を利用する以上、利用の目的を最初から明確にしておく必要があります。

【キーワード】

　「授業の過程」、朗読（口述）、公衆送信、自動公衆送信

【わん！ポイント】

　視覚や聴覚に不自由がある人の福祉のために著作権に制限を加えた規定があります（37条、37条の2）。

Q91

動画共有サイトにアップされた学習動画がおもしろいので、休み時間に教室のディスプレイで流しておきたいのですが。（小学校教員）

Yesです。けれど注意してお使いください。

【なぜ】

「授業の過程」の利用ではなさそうですね。しかし営利を目的としない上映の扱いとなります。38条が当てはまります。

【気をつけたいこと】

その動画が、もともとの作り手に無断で動画共有サイトにアップロードされていないか、注意が必要です。

【キーワード】非営利の上映、動画共有サイト、38条

【わん！ポイント】

このケースとは異なりますが、教育目的ではなく、テレビ放送を大型のディスプレイで大勢の人が一緒に観る場合、著作権の侵害になる可能性があります。そのため、スポーツ観戦のパブリックビューイングの場合は、事前に放送局の許可を得て契約しています。放送局は「公に伝達する権利」を持っているからです。

Q92

留年をしました。改訂前の教材は持っているので、買い直さずに、改訂ページだけコピーしてもらいたい。
（高校生）

Noです。出版社に問い合わせてみては？

【なぜ】

　その教材は1人1部購入する種類のものではありませんか。改訂版を購入するべきものであれば、無断で改訂部分だけコピーして提供することはできません。著作権法の基本ルール違反です。「著作権者の利益を不当に害すること」にならないという基本ルールを思い出してください。

【どうしたらいいの】

　留年した生徒に対して著作権が配慮されることはありません。出版社や著作権者の利益を害することになりそうです。しかし、改訂部分がごくわずかであれば、改訂前の教科書を持っていることを説明すると、出版社も理解してくれるかもしれません。一度、出版社に問い合わせてみても良いかもしれません。

【キーワード】問題集、ドリル、ワークブック

【わん！ポイント】

　1人1部の購入が求められている問題集やドリルについては、その取扱いについては注意が必要です。

Q93

ソフトを複数のパソコンにコピーして使いたい

授業で使うためのアプリケーションソフトウェアを一つだけ購入し、学校の複数のパソコンにコピーして使っています。（小学校教員）

NOです。ソフトウェアにも著作権があります。

【なぜ】

市販されているアプリケーションソフトウェアには、著作権があります。たとえコピープロテクトがかかっていなかったり、簡単にコピープロテクトを解除できたりしたとしても、複数のパソコンにコピーして使用することは「著作権者の利益を不当に害すること」になります。

【どうしたらいいの】

パソコンの使用台数分を購入するか、定額料金で一定数の台数が使用できる契約内容のサブスクリプション方式の購入をしてください。

【キーワード】アプリケーションソフト、パソコン、プロテクト

【わん！ポイント】

ただし、インストール台数の制限付きで販売されているアプリケーションソフトウェアについては、その制限台数まではコピーできます。また、フリーウェア（無料のソフトウェア）は複数のパソコンに無料でコピーして使うことができるものもあります。さらに、オープンソフトウェアを利用することも考えられます。ただし、使用規定や利用規約をよく読むことが必要です。

Q94

絵画の一部分だけ拡大コピーして、それを生徒に模写させました。元の絵画を描いた画家が存命なのかどうかは確認していませんが、問題ないと判断しました。
（中学校教員）

Yesです。授業では使用可能です。

【なぜ】

　画家が存命しており、著作権の保護期間内であったとしても、授業で使用する範囲では著作権は制限されます。

　また、拡大して模写する場合はおそらくトリミングも行われますが、ある程度の修正は問題とならないでしょう。

【気をつけたいこと】

　ただし、授業で使用する絵画作品であれば、美術の教育という性質上、どのような画家によって描かれた作品なのか、存命中かどうかも含めて、著作権について生徒に解説できる状態にしておくのが良いでしょう。

【キーワード】絵画、画家、拡大、保護期間、模写、47条の6

【わん！ポイント】

　洋の東西を問わず、美術史は模倣の歴史です。模写しながら技法を身に付けることは重要です。

Q95

動画にキャラクター商品が写り込んだ

授業参観に参加できなかった保護者のために、授業の様子を撮影した動画を、保護者のみが視聴できるように配信しました。すると映像に、生徒の持ち物であるキャラクターの文具やバッグ、靴までも写り込んでいました。
（小学校教員）

 Yesです。偶然の写り込みはOKです。

【なぜ】

撮影した映像にコンテンツが偶然写り込んでしまった場合は、30条の2の規定により著作権の侵害には当たりません。

【気をつけたいこと】

明らかにキャラクター商品が写り込むことを意図したアングルや、キャラクターが主となるようなバランスで映像を撮影しないようにしましょう。

【キーワード】授業、撮影、映像、キャラクター、写り込み

【わん！ポイント】

授業参観することは「授業の過程」に参加したことになります。ただ、後日、保護者に動画を配信することは授業参観を実施したことにはなりません。動画の内容には一層の配慮が必要です。

Q96 テレビの有料チャンネルを録画し生徒に公衆送信した

運動会のダンスで踊る曲を生徒自身が選びたいというので、参考のために、地上波・BS・CSのいくつかの音楽番組を録画して生徒にネットワーク送信しました。その中には、教師である私が個人で契約しているBS・CSの有料チャンネルも含まれていました。（中学校教員）

Noです。送信は控えてください。

【なぜ】

　現在、このようなケースについては「著作権関係有識者専門ワーキンググループ」において検討中です。

　運動会は授業に該当しますが、有料チャンネルの中には教育利用であるか否かにかかわらず「複製」「公衆送信」することを禁止する契約を視聴者と締結している場合もあります。

【どうしたらいいの】

　教員が私的に利用している有料チャンネルについては、契約内容を確認してください。制限がある場合は、現状では利用を控えるべきです。

【キーワード】運動会、音楽番組、公衆送信、有料チャンネル

【わん！ポイント】

　サブスクリプション方式で配信されているコンテンツにおいてもこのワーキンググループで検討中です。

Q97
絶版本を図書館で借りて全ページコピーした

教材として使用したい本が、絶版になっていて購入できなかったため、図書館で借りて全ページをコピーして生徒に配付しました。（高校教員）

Yesです。ただし、電子版がないことを確かめてください。

【なぜ】

　絶版になっている本は、出版社から販売されていないため、全ページをコピーしても「著作権者の利益を不当に害すること」にならないと考えられます。

【気をつけたいこと】

　電子書籍やオンデマンド出版（Q98参照）がされている場合は、この限りではありません。「著作権者の利益を不当に害すること」になるので注意が必要です。

【キーワード】絶版、図書館、コピー

【わん！ポイント】

　絶版状態で、入手困難な書籍であれば全部をコピーすることも可能です。ただし、授業に「必要と認められる限度」で利用する意識は大切です。

Q98

手元にある教材について出版社に問い合わせたところ、紙は絶版だが、電子版で販売している、と言われました。この教材をコピーして授業で使ってよいのでしょうか。それとも、電子版を児童全員分、購入しないといけないのでしょうか。（小学校教員）

Noです。 電子版やオンデマンド出版を利用してください。

【なぜ】

　教材が絶版だと市場で手に入れることは困難です。この場合、すべてをコピーしても「著作権者の利益を不当に害すること」になる可能性は少ないと考えらえます。もっとも、電子版が販売されている場合は状況が異なります。人数分の購入が求められる教材については、児童人数分の電子版の購入が必要となります。

【気をつけたいこと】

　絶版といっても、電子版や1冊から印刷可能なオンデマンド出版サービスが提供されている場合があります。改訂版や名称を変えて販売されていませんか。教材の利用にあたっては事前によく調べておきましょう。

【キーワード】絶版、教材、電子版

【わん！ポイント】

　多くの出版社は電子化にも手間と費用を掛けています。

Q99

授業参観で元資料全部のコピーを要求された

授業参観で、授業で使う分だけの単元資料を保護者にも配付したら、一部の保護者から、その単元資料の元資料全部をコピーしてほしいと言われました。応じて良いでしょうか。（中学校教員）

Noです。必要分以上は認められていません。

【なぜ】

授業で用いる部分以外の単元資料の元資料をコピーすることは「必要と認められる限度」を超えています。

【どうしたらいいの】

保護者の方に、著作権法上、コピーできるのは授業で必要とされた部分のみであることを伝えてください。

【キーワード】授業参観、保護者、単元、資料

【わん！ポイント】

勉強熱心な保護者の方に対しては、つい要望に応じたくなりますが、著作権ルールがあることを知らせてください。

Q100

学校の教材データを印刷して他校の友人にあげた

塾の生徒が、学校の授業でもらった教材データを全部プリントアウトして、表紙をつけて本のような形にし、違う学校に通う塾仲間にプレゼントしていました。問題ないでしょうか。（塾講師）

Noです。いろいろ問題があります。

【なぜ】

　他の学校の友人にあげるためにコンテンツをコピーすることは、授業以外の目的になります。35条にあたりません。

　また、複製物を簡易製本して配付することは「著作権者の利益を不当に害すること」にもなります。本がその分、売れなくなるかもしれないからです。

　さらに、複製物を自分では使わず友人に提供していることから、私的使用目的の複製にも該当しません。

【どうしたらいいの】

　生徒に著作権について説明してください。塾の教材で同じようなことをされたら大変です。

【キーワード】教材データ、プリントアウト、表紙、塾仲間、30条

【わん！ポイント】

　たとえ子どもたちの善意からくるコピーであっても「著作権者の利益を不当に害すること」につながります。

Q101

授業で使う教材データをZIPファイルに圧縮して、生徒に送信する際、これまではIDとパスワードを設定していました。「ファイルが開かない」などの問い合わせが殺到したので、パスワードの設定を止めてしまいました。良いですか？
（中学校教員）

Yesです。著作権法上の問題はありません。

【なぜ】

「著作権者の利益を不当に害する」ことがなければ、ネットワーク送信（公衆送信）においてIDとパスワードを設定する義務はありません。

【気をつけたいこと】

ネットワーク送信を行う際、授業のみで利用することをコントロールできているのであれば、著作権者の利益を不当に害していません。IDとパスワードを設定しなくても問題ありません。

【キーワード】公衆送信、ID、パスワード

【わん！ポイント】

著作権法上の問題というよりは、生徒側の受信環境やネットリテラシーの問題でしょう。教師も生徒も慣れるまで時間がかかります。

Q102

同一の書籍の第1章を複製して配付し、授業を行いました。生徒から「おもしろい」「続きが読みたい」と好評だったので、第2章、第3章と定期的に配付しました。その結果、その書籍のほとんどのページを配付してしまいました。大丈夫でしょうか。（中学校教員）

 ## Noです。書籍を全部コピーしてはいけません。

【なぜ】

　たとえ授業で使うことが目的であっても、結果として、書籍のほぼ全部をコピーして配付したことは「著作権者の利益を不当に害する」ことになりそうです。

【どうしたらいいの】

　生徒数分の書籍を購入してください。

【キーワード】書籍、ほとんどのページ

【わん！ポイント】

　せっかくの生徒たちのやる気を削ぎたくないという気持ちはわかりますが、著作権を守ることの大切さも教えたいところです。

Q103

1冊の教師用指導書を教員分コピーした

教師用指導書、参考書、資料集などをそれぞれ1部だけ購入
しました。教員間で共有するために、必要な部数だ
けコピーしました。(中学校教員)

Noです。「授業の過程」のコピーではありません。

【なぜ】

教師のための指導書や参考書、資料集などを教員間でコピーして共有
することは、授業を目的とした「複製」には該当しません。著作権者の
複製権の侵害となりそうです。

【どうしたらいいの】

必要としている教員の数だけ購入してください。

【キーワード】教師用指導書、参考書、資料、教師間

【わん！ポイント】

教師用指導書の一部には、「校内フリーライセンス」として、教員間
で共有可能なものもあります。利用規約をよく確認しましょう。

教員間で、オンライン授業の目的で教員が作成した教材を共有する場
合は、別途、許可を得たうえで利用することができます。

Q104

今度のオンライン授業では、日本舞踊のDVDを使ってみたいと考えています。DVDにはアクセス制限がかけられていますが、大丈夫でしょうか。（中学校教員）

Yes or No?　なんともいえません。

【なぜ】

《ガイドライン》ではコピープロテクトやアクセス制限をかけられたDVDやBlu-ray Discなどの著作物の授業での利用を目的とした場合については、課題として残されています。

【気をつけたいこと】

オンライン授業での利用は当面、避けてはどうでしょう。教室や視聴覚室での上映が可能ではないでしょうか。コピーやネットワーク送信をせずに利用する方法を検討してみてください。

【キーワード】アクセス制限、コピープロテクト、DVD、Blu-ray Disc

【わん！ポイント】

映画の製作には多大な費用がかかっています。映画コンテンツの安易な複製や公衆送信には注意が必要です。

Q105

オンライン授業のためにドリルをスキャンした

児童全員が購入している印刷物のドリルがあります。 それを
オンライン授業で画面共有するために、 スキャンして公衆送
信しても問題ないと判断しました。 良いでしょうか。
（小学校教員）

Yesです。 どうぞ画面にお使いください。

【なぜ】

すでに児童全員が購入しているドリルやワークブックなどの印刷物
を、オンライン授業の画面で確認するために使うことは、問題の解説を
行う目的の補助的な複製と解釈されるでしょう。 「著作権者の利益を不
当に害する」 ことにはなりません。

【気をつけたいこと】

ただし、出版社によっては、児童や生徒全員が購入している場合の付
加的な複製も禁じている場合があります。規約を確認しましょう。

【キーワード】

印刷物、オンライン授業、画面共有、スキャン、教材ドリル

【わん！ポイント】

スキャンしたデータを授業以外で利用したり、他の教員と共有するこ
とは避けましょう。

Q106

校内で自由参加の読書会を開催するので、川端康成（1899-1972）の短編小説を、参加申込書と一緒に印刷して配付しました。（高校教員）

 ## Noです。いろいろ問題があります。

【なぜ】

まず、校内で行われるとはいえ、自由参加の読書会は授業に該当しません。著作権の複製権の問題が生じます。

次に、仮に「授業の目的」と認められるイベントであっても、まだ参加していない人の分までコピーを用意することは、「必要と認められる限度」を超えています。

また、川端康成の著作権は2021年現在では保護期間内ですので、自由にコピーできません。

【どうしたらいいの】

読書会に参加する人には、取り上げる本を各自で購入するように伝えてください。

【キーワード】校内、自由参加、読書会、保護期間、授業目的外の使用

【わん！ポイント】

川端康成は1972年没なので、死後70年（1973年1月1日から起算して2042年12月31日まで）は著作権が保護されます。

Q107

市販のアプリをコピーして生徒に提供

部活動でプログラミング部の顧問をしています。市販のアプリケーションソフトを複製して生徒に提供したいと思っています。問題ないでしょうか？（高校教員）

Noです。ソフトウェアにも著作権があります。

【なぜ】

《ガイドライン》では、部活は「授業の過程」と位置づけられています。しかし、多くの場合、アプリケーションは1人ずつ購入することが前提として販売されているのではないでしょうか。ソフトの利用規約に違反します。「著作権者の利益を不当に害すること」になります。

【どうしたらいいの】

生徒分のライセンスを購入してください。

【キーワード】プログラム、ソフトウェア

【わん！ポイント】

もっとも学校単位でライセンス契約できるソフトウェアが販売されている場合もあります。規約をチェックしてください。ビジネスソフトの企業内での違法利用は内部通報で発覚しています。ザ・ソフトウェア・アライアンス（BSA）やコンピュータソフトウェア著作権協会（ACCS）といった団体が相談窓口になっています。

Q108

コンピュータのプログラミング授業のために、公開されている
ソースコード（プログラミング言語で記述されたテキスト）を
書面にプリントアウトし、その書面を画像にして公衆
送信しました。（高校教員）

Yesです。画像ならばお使いください。

【なぜ】

　ソースコードはプログラムの著作物です。しかし、プリントした書面を画像でネットワーク送信する限りでは、ソフトウェアの市場での流通を阻害するといえません。

【気をつけたいこと】

「著作権者の利益を不当に害すること」がないようにしなければなりません。ソースコードをコピペできるテキストデータでネットワーク送信しないように注意が必要です。

【キーワード】ソースコード、ソフトウェア、プログラムの著作物

【わん！ポイント】

　インターネット上で公開されているからといって、無断で使えるとは限りません。利用規約をチェックすることが必要です。

Q109

美術作品の写真を公衆送信した

大阪の万博記念公園で、岡本太郎の「太陽の塔」を自分のカメラで撮影したのですが、距離が近くて塔の上部が収まりませんでした。この写真を授業で使うために送信して良いのでしょうか。（中学校教員）

Yesです。どうぞ授業でお使いください。

【なぜ】

「太陽の塔」は美術の著作物であると同時に建築の著作物でもあります。屋外に設置されたものは誰でも自由に撮影してよく、写真の撮り方（アングルやフレーム）も自由です。上部が収まりきれなかった「太陽の塔」の写真をネットワーク送信しても問題はありません。

また、授業で使う目的であるため、そもそも著作権が及びません（35条）。

【気をつけたいこと】

ただし、寺院など一部の文化財や歴史的遺産は文化財保護のためなどで撮影が禁止されている場合があります。文化財が収蔵されている敷地や建物の所有権が根拠です。

また、撮影できてもネットワーク送信や印刷などのコピーを行う場合にはお布施の形などで寺院などへの謝礼を支払うケースもあります。あるいは、その寺院などが取引しているデジタルデータの版元へのデータ使用料を支払ったりしなければならない場合もありますので、確認が必要です。

【キーワード】

太陽の塔、美術の著作物、建築の著作物、写真、公衆送信、謝礼

【わん！ポイント】

　一般に、絵画や彫刻など美術の著作物をトリミングして撮影すると、同一性保持権が問題となります。もっとも、野外設置の美術作品をいかように撮影しても、よほど著作者の名誉を傷つけるような内容とならない限り、同一性保持権の侵害とはならないでしょう。

Q110

高額な専門出版物に掲載された自分の論文を、全部コピーして学生に配付しました。問題ないでしょうか。
（大学教員）

Yesの場合とNoの場合があります。

【なぜ】

自分が作ったコンテンツ（この場合、自著の論文）なら自分でどう使おうが自由です。だからYesです。しかし、この質問の場合、もしかしたら、出版社との契約で、論文の利用方法について、著者であってもコピーして配付することが禁じられているかもしれません。この場合はNoとなります。

【どうしたらいいの】

出版社と交わした契約書を確認しましょう。その上で、教育現場で使用する（35条）ことを伝えて、許可を得てはいかがでしょうか。

【キーワード】論文、出版社、学会

【わん！ポイント】

この例とは異なりますが、学会が発行する紀要（研究活動を掲載した公式の定期刊行物）に掲載される場合、論文の著作権をその学会が持つことがあります。学会によってルールが違います。また、自然科学や社会科学系の論文は共著による執筆であることが多いので、自分だけの判断で論文の利用を決めることはできません。

Q111

専門雑誌のバックナンバーにあった論文をコピーして大学の
研究室で共有しました。10年ほど前の雑誌なので、
問題ないだろうかと。（大学教員）

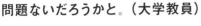 Yesです。使えます。コピーは大丈夫です。

【なぜ】

　2つの理由が考えられます。第1に、研究室での利用であれば、「授業の過程」に当たること、第2に現在販売されていないバックナンバーであること、です。この場合、論文というコンテンツをコピーすることは問題ないでしょう。

【気をつけたいこと】

　その雑誌が、現在、販売されているならば、コピーは慎みましょう。コピーすることで雑誌を購入せずに済ませることは、「著作権者の利益を不当に害すること」になります。

【キーワード】論文、バックナンバー

【わん！ポイント】

　現時点で購入可能な雑誌や定期刊行物はコピーできません。それらの号がバックナンバーとならないとコピーできません。

Q112

新聞に投稿された川柳作品をコピーして配付

新聞に投稿された時事川柳がおもしろかったので、コピーをとり、授業で生徒に配付しました。川柳の作者名は表示しませんでした。表示すべきでしたでしょうか。
（高校教員）

Yesです。作者名や出典の表示をしましょう。

【なぜ】

　川柳も著作権を持つコンテンツです。俳句や短歌と同じく文字数の少ない定型詩ですが、それでも著作物です。授業で使うのなら、コピーの配付も可能です。新聞に表記された通りに作者名を記載してください。

【気をつけたいこと】

　川柳はできるだけ多くの人に伝えられることが、作者の意図することでしょう。このため教育現場以外で使っても作者からクレームはつかないでしょう。他方、たとえ短文であっても、俳句や短歌は他のコンテンツと同様の扱いが必要です。

【キーワード】川柳、俳句、短文、出典の明示

【わん！ポイント】

　俳句や和歌は文字数が少ないので、引用しやすい点が小説や記事と違っています。そっくり全文を使用する場合は、著作権法が規定した引用のルール（32条）を守りましょう。

Q113

教科書の挿絵をコピーした

「遠足のしおり」の表紙の作成を頼まれました。教科書の挿絵に気に入ったものがあったので、コピーして「しおり」に貼り付けました。(小学校教員)

 Noです。単なるアイキャッチには使えません。

【なぜ】

授業に「必要と認められる限度」を超えると考えられます。

【気をつけたいこと】

その挿絵は遠足での課題と関係がある単元のものでしょうか。使用する必然性があるかどうかが決め手です。単なるアイキャッチ目的で使用しないようにしましょう。

【キーワード】アイコン、ワンポイント、アイキャッチ、引用

【わん！ポイント】

「学校だより」や学校のホームページにアイキャッチ目的でキャラクターが掲載されていることがあります。35条に当てはまりません。また、引用（32条）にも当たりません。

Q114

壁新聞でのコピーの使用

> 図工の時間に鑑賞用として西洋絵画のコピーを児童に配付し
> たところ、後日、コピーの絵画が壁新聞の紙面に貼り付けら
> れていました。大丈夫でしょうか?
> (小学校教員)

Yesです。児童が作った壁新聞での利用は大丈夫です。

【なぜ】

　児童による壁新聞への利用は、「授業の過程における利用」になります。

【気をつけたいこと】

　このケースで問題となるかもしれないのは、西洋絵画が授業の目的で使われるかどうかです。ただし、ルネサンスや印象派美術のように著作権が切れているものはどのように使おうが問題はありません。授業に必要な限りで配付した資料を、児童が授業以外の目的で利用しないように指導しましょう。児童が大量にコピーして配付したり、インターネット上で送信しないように注意が必要です。

【キーワード】複製物の利用、壁新聞

【わん!ポイント】

　小学校では壁新聞の作成にあたって、グループで調べる学習が行われます。引用の仕方を身に付ける良い機会です。その際は出典を明示させるように指導しましょう。

Q115

多くの学生が気象予報士の資格試験に興味をもったので、市販の対策問題集の一部を受講生全員に公衆送信しました。（大学教員）

Noです。権利者の利益を不当に害します。

【なぜ】

1人1部を購入することが前提の問題集をコピーして利用することは、「著作権者の利益を不当に害すること」になります。

【どうしたらいいの】

出版社から許可を得てください。また、見本として公開されている問題を利用するなど、工夫をしてみてください。

【キーワード】問題集、出版社

【わん！ポイント】

気象予報士試験であれば、一般財団法人気象業務支援センターが過去の試験問題をサイトに公表しています。また、個人的な利用を超える利用形態の場合は、センターへ相談してください。

Q116

教科書に指定したテキスト（自著ではない）についてお尋ねします。大教室での授業のため、毎回、図版やテキストをスクリーンに投影して説明しています。
（大学教員）

Yesです。ただし、図版中心の書籍には注意が必要です。

【なぜ】

　図版やテキストなどの投影は、著作権法では「上映」に当たります。聴衆から料金を受けないなど営利を目的としない上映は38条に当たり許されます。

【気をつけたいこと】

　ただし、本来購入するべき指定テキストを、購入していない学生の便宜のために複製して上映することは、テキストが購入される機会が失われるため「著作権者の利益を不当に害すること」になります。また、教育上勧められません。

【キーワード】非営利の上映、テキスト、投影、図版、38条

【わん！ポイント】

　たとえば、ビジュアルが中心の教材には、書籍のほかに動画などを有償のライセンス契約で提供する場合があります。ライセンス契約に影響を及ぼすような学生への提示の仕方は避けるべきです。

Q117

履修の仮登録者全員に前期の授業資料を公衆送信しましたが、最終的な登録者数は半数ほどでした。その資料には他人の著作物の内容も含まれていました。（大学教員）

 Noです。半数が「授業を受ける者」ではないので使えません。

【なぜ】

授業を受けない学生たちにも公衆送信したことになりますので、著作権が及ぶ範囲となります。

【どうしたらいいの】

他人のコンテンツが含まれる資料は、履修者が確定した後に、授業で使うためだけに公衆送信しましょう。

【キーワード】仮登録者、授業資料、公衆送信

【わん！ポイント】

シラバス（授業計画）だけでは学生に授業内容を十分に盛り込められないかもしれません。しかし、他人のコンテンツが含まれる資料を、まだ履修が確定していない学生に公衆送信するためには著作権者の許可が必要です。本来、履修前の学生に授業の内容を伝えるためには、授業の資料をそのまま配付するのではなく、PR用のサンプル資料を別途用意すべきです。その際、他人のコンテンツを含めない工夫が必要です。

Q118

録画したテレビ番組を、ディスプレイに投影させて授業を行っています。欠席者が多いときは、受講生に録画データを送信し、ダウンロードさせてもよいでしょうか。
（大学非常勤講師）

Noです。「授業の過程」であるとしても、テレビ局の許可が必要になるでしょう。

【なぜ】

ストリーミングではなく、ダウンロードさせることで授業の欠席者にまでテレビ番組の録画データを公衆送信することは、「著作権者の利益を不当に害すること」になります。

【どうしたらいいの】

欠席者を含めた受講生全員に、録画データをダウンロードの方法で公衆送信する場合は、テレビ局から許可を得る必要があります。オンデマンド型の動画送信は、ストリーミング方式で行いましょう。受講者がいつでもコンテンツにアクセスできるように設定してください。

【キーワード】

テレビ番組、録画、ストリーミング、ダウンロード、欠席者、公衆送信

【わん！ポイント】

履修者の便宜のために、テレビ番組の録画データをクラウド・サーバーに集積して、いつでも視聴できるようにライブラリー化することも、「著作権者の利益を不当に害すること」になるため許されません。

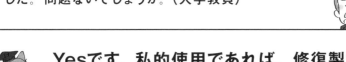

長年授業の資料として使っていた本がほどけだしたので、1冊分をコピーし、今後のために簡易製本をして保存しました。問題ないでしょうか。(大学教員)

Yesです。私的使用であれば、修復製本してください。

【なぜ】

　私的使用のための複製と考えられるので、問題ありません（30条）。厳密に言えば、授業での利用は業務上のものであって、30条は当てはまらないとも考えられます。しかし、著作権者へ不利益を与えるほどではないと考えられるので、問題ないと考えます。

【気をつけたいこと】or【どうしたらいいの】

　長年授業で使用できるほどの良書を提供してくれた著作権者への感謝や敬意を表す意味でも、この際、新しい書籍を購入すればどうでしょうか。

【キーワード】私的使用、簡易製本、30条

【わん！ポイント】

　長年使っていた本であれば、内容が改訂されている場合もありますので、このような機会に買うことをお勧めします。

　なお、この本が既に絶版になっている場合は、重版して販売される可能性がありませんので、コピーして製本することで「著作権者の利益を不当に害すること」になる可能性もありません。

Q120

ハイパーリンクを貼って送信

授業後ではありますが、授業の参考動画のハイパーリンクを
貼って学生に公衆送信をしました。
（大学教員）

Yesです。リンク情報は問題ありません。

【なぜ】

　リンク情報を提供しただけでは、コンテンツを公衆送信（自動公衆送信）することにはなりません。なお、ハイパーリンクとは、テキストや画像に埋め込まれた他のウェブサイトの位置情報（URLと呼ばれるhttp://やhttps://などで始まる文字列）を参照する機能です。

　ハイパーリンクが設定された文字列や画像をクリックしたりタップしたりすると、参照先のウェブサイトに移動します。多くのソフトではURLをそのまま記述するだけでも、自動的にハイパーリンクとして機能します。

【気をつけたいこと】

　権利者に無断で動画などの著作物を掲載した海賊版サイトや、海賊版サイトへのリンクを集めた、いわゆる「リーチサイト」へ誘導するハイパーリンクを貼ることはやめましょう。

　また、購入者のみが知りうるURLや会員制サイトのURLの場合は、注意が必要です。

【キーワード】リンク、ハイパーリンク、公衆送信、海賊版サイト

Q121

PDF編集ソフトなどのアプリケーションソフトを、授業の中で使用するために学生に複製させました。
（大学教員）

Noです。契約を確認しましょう。

【なぜ】

　市販されているアプリケーションソフトウェアには著作権があります。授業で使う場合でも著作権者に無許可で複製することは、「著作権者の利益を不当に害すること」になり、違法です。

【どうしたらいいの】

　授業で使用するパソコンの台数分のパッケージを購入するか、台数分のサブスクリプション契約をしてください。サブスクリプションとは、台数に応じた月額料金（もしくは年額料金）を支払うこと。契約期間内であれば契約台数まではアプリケーションソフトを自由に使える権利を購入する方式です。

【キーワード】アプリケーションソフト、サブスクリプション

【わん！ポイント】

　アプリケーションソフトはたいていの場合、1人ずつが購入することになっています。その前提で値段も設定されています。

Q122

著作物をデータベース化して保存

授業で使うかどうかは不明ですが、好きな作家の著作物をデータベース化して、学校のサーバーへストックしています。作品をそのままコピーしている場合もあります。
（高校教員）

Noです。授業のための範囲を超えてコピーはできません。

【なぜ】

授業で使うことが確定していない時点では、「授業の過程」にあると言えません。また、他人のコンテンツをデータベース化することや作品をそのままコピーすることは、授業のために必要な範囲を超えます。「著作権者の利益を不当に害すること」になる可能性が高いからです。

【気をつけたいこと】

他人のコンテンツをデータベース化したり、ライブラリー化して保存することはやめましょう。

【キーワード】データベース化、ライブラリー化

【わん！ポイント】

教員間での教材の共有や履修終了後の履修者による継続利用のニーズもあります。そうした場合は、別の手続きが必要になります。

Q123

誰でもアクセスできる大規模公開オンライン講義（MOOCs）で、他人のコンテンツを用いた授業は大丈夫でしょうか。（大学教員）

Noです。参加者が多すぎるため、このままでは使えません。

【なぜ】

MOOCs（ムークス　Massive Open Online Courses）は誰でもアクセスできる大規模公開オンライン講義です。海外の大学の授業にも参加できる重要なオンライン教育システムです。このような態様では、「著作権者の利益を不当に害すること」になる可能性が高いため、著作権者からの個別の許可を得る必要があります。

【気をつけたいこと】

MOOCsでコンテンツを利用するために、著作権者から許可を得るには、多大のコストが掛かります。教員は通常と異なる規模の講義であることを認識する必要があります。

【キーワード】MOOCs、ムークス、大規模公開オンライン講義

【わん！ポイント】

MOOCsのような国際的な公開オンライン講義により、優れた講義を数万人規模で学習する機会が与えられます。そのため、著作権に関する新たなルール作りが求められます。

Q124

ファスト映画って予告編ではないのですか

映画を10分にまとめた「ファスト映画」の制作者が著作権法
違反で逮捕されたと聞きました。予告編とどう違うのでしょう
か。また、ファスト映画の視聴者も違反者になるの
でしょうか。（中学校教員）

Noです。視聴者は違反者ではありません。

【なぜ】

　予告編は映画を短く編集したものです。編集できるのは、著作権者
（映画会社）だけです。今問題になっている「ファスト映画」は権利の
ない人が無断で編集をしているために違法となります。ただ、視聴者と
しては違法な動画をダウンロードせずに、視聴するだけ（ストリーミン
グ）では違法とはなりません。

【気をつけたいこと】

　映画やドラマの映像を再編集して第三者がストーリーを明かす、いわ
ゆる「ファスト映画」（あるいはファースト映画）について、動画投稿
者が逮捕されました（2021年6月）。不当に広告収入を得ていたり、視
聴者も映画を観た気になって映画館へ足を運ばなくなり、「著作権者の
利益を不当に害すること」になります。利用しないように留意しましょ
う。

　なお、「ファスト映画」の名称です。すばやく（fast）見る、という
和製英語のようです。ファーストフードの「ファースト」と同じ意味な
のでしょうが、「ファスト」という表現には違和感を覚える人が多そう
です。

【キーワード】ファスト映画、ダウンロード、ストリーミング

【わん！ポイント】
　令和2年に著作権法の改正がありました。海賊版のダウンロードの対象が広がりました。対象が音楽・映像から著作物全般（漫画・書籍・論文・コンピュータプログラムなど）に拡大しています（30条第1項4号、第2項）。

愛読書は
『バスカヴィル家の犬』

芥川龍之介の
ええっと……

Q125

有料音楽配信と契約をしている教員が、授業目的は大丈夫で
あろうと授業で使用していました。実は教育利用であるか否か
にかかわらず、複製、公衆送信を禁止しているコンテ
ンツが、その中に含まれていました。（中学校教員）

Yes or No? なんともいえません。現時点で関係者が協議中です。

【なぜ】

　個人が契約している有料音楽配信サービスを教育目的で利用する際の
著作権の適応範囲においては、《ガイドライン》でも課題として残され
ています。作り手が「教育目的であっても利用はダメです」と主張して
いるコンテンツの教育現場での扱いについて協議されているところで
す。

【気をつけたいこと】

　「教育目的であれば、なんでも自由」という考え方は、立ち止まって見
直すことも必要です。

【キーワード】 有料音楽配信、契約、利用規約

【わん！ポイント】

　個人が契約している有料の音楽配信サービスの料金体系は、個人が利
用することを想定して作られています。したがって、多数の学生が聴く
ことができるような利用方法は、「著作権者の利益を不当に害するこ
と」になる可能性もありますので、お勧めできません。

Q126

SARTRAS（サートラス）ってなに

職員会議でSARTRAS（サートラス）という言葉を耳にしました。これは何でしょうか。
（小学校教員）

「授業目的公衆送信補償金等管理協会」の略称です。

【続き】

　35条の補償金を収受してとりまとめ、権利者に使用料を分配する一般社団法人です。35条が改正されて教材をインターネットで活用できる範囲が広がりました。半面、著作権者の利益を少しでも補償するために補償金制度が導入されました。学校を設置する自治体や学校法人は定められた金額を収めることになります。この補償金の収受と分配をすることをSARTRASは仕事としています。なお、補償金の正式名称は「授業目的公衆送信補償金」です。

【気をつけたいこと】

　教育現場で他人の著作物を利用する人は《ガイドライン》をよく読んでその仕組みを理解する必要があります。

【キーワード】 サートラス、SARTRAS、補償金、ガイドライン

【わん！ポイント】

　SARTRASの成立経過などは、序章「オンライン授業と変更された教育現場の著作権ルール」をご覧ください。

Q127

文筆業をしている者です。いずれ、出版社とは別にSARTRAS（サートラス）というところから補償金が入るらしいのですが、どういうことでしょうか。（文筆業）

作品がオンライン授業で使用されたら、著作権使用料（補償金）がもらえます。

【続き】

　文筆家の作品が学校のオンライン授業で使われたときに、補償金がもらえます。文芸作品であれば、公益社団法人日本文藝家協会経由で支払われることが想定されます。

【どうしたらいいの】

　文筆家が補償金を受け取るためには、作品と個人情報の関係を示すデータが必要です。文藝家協会の非会員の場合、文藝家協会のような著作権等管理団体に入会することも一案です。

【キーワード】著作権等管理事業者、SARTRAS、分配、会員、非会員

【わん！ポイント】

　デジタルアーカイブ時代、多くのコンテンツに接する機会が増えました。半面、誰のコンテンツか不明な場合も増えています。そのコンテンツが誰のものであるか、すぐ分かるように付番（コンテンツ情報のデータ化）することはとても大切になっています。

第 III 部

著作権
なるほどコラム

それって引用？

　学習指導要領では、たとえば、小学校3、4年生の「国語」では、「引用の仕方や出典の示し方，辞書や事典の使い方を理解し使うこと」とあります。早い段階から引用の作法を身につけることが肝要です。引用の形式（出所の明示）としては、自分の文章と引用する文章を区別するために他人の文章を「」でくくり、その近くに作家名○○「作品名○○」を最低限記載するようにしましょう。

　引用の際の条件については、著作権法の条文や裁判例などを前提にすると、以下のような条件で他人の著作物や資料などを引用して利用することができます。

❶ すでに公表されている著作物であること
❷「公正な慣行」に合致すること（カギ括弧などにより「引用部分」が明確になっている）
❸ 報道、批評、研究などの引用の目的上「正当な範囲内」であること（引用部分とそれ以外の部分の「主従関係」が明確である。引用される分量が必要最小限度の範囲内である）
❹「出所の明示」

　閲覧者の気を引くアイキャッチのためであるとか、脈絡なく他人の著作物を引っ張ってきても、引用とは認められません。
　作品に対するリスペクトがここでも必要で、引用を行う「必然性」があるかどうかが、判断の決め手になります。　（O）

関連条文：著作権法第32条（引用）、第48条（出所の明示）

頻繁にある著作権法の改正

　著作権の保護の歴史は古く、印刷技術の発明に始まる15世紀以来と言われていますが、条約や法律との関係でいえば、1886（明治19）年にベルヌ条約というものが作られました。日本では、明治時代以降、まず出版条例1869（明治2）年が制定され、さらに1899（明治32）年に「著作権法」が制定されました。そして現行の著作権法は1970（昭和45）年に明治時代の著作権法が全面改正されることによって制定されました。

　著作権法は比較的頻繁に改正が行われています。ここ最近ですと、たとえば、2012（平成24）年に違法ダウンロードの刑罰化、2014（平成26）年に電子出版権の創設、さらに2018（平成30）年、2020（令和2）年、2021（令和3）年と続きます。

　2018（平成30）年改正は、改正に関する法律が4つもありました。教育関係では33条や35条が改正されました。

・TPP11整備法（平成30年法律第70号）
・著作権法の一部を改正する法律（平成30年法律第30号）
・学校教育法等の一部を改正する法律（平成30年法律第39号）
・民法及び家事事件手続法の一部を改正する法律（平成30年法律72号）

　2020（令和2）年改正では、インターネット上の海賊版対策の強化として、リーチサイト対策や侵害コンテンツのダウンロード違法化がありました。リーチサイトとは、侵害コンテンツへのリンク情報等を集約したウェブサイトのことです。

　2021（令和3）年改正では、図書館関係の権利制限の見直しと、放送番組のインターネット同時配信等に関する権利処理の円滑化について対応がなされました。（O）

保護期間が50年から70年へ

　2018年著作権法改正に関する法律は4つもありました。その中で「TPP 11整備法」では著作権保護期間に関する取り決めがありました。2018年12月30日から発効されたこのTPP 11整備法では、以下の事項を取り扱っています。

❶著作物等の保護期間の延長
❷著作権等侵害罪の一部非親告罪化
❸アクセスコントロールの回避等に関する措置
❹配信音源の2次使用に対する使用料請求権の付与
❺損害賠償に関する規定の見直し（立証負担の軽減）

　著作物等の保護期間については、著作者の死後50年から70年に延長されましたが、保護期間の計算方法としては、著作権法上、死亡、公表、創作した年の翌年の1月1日から起算することになります。2020年に亡くなった著作者ですと、2021年1月1日から起算して、70年後の2090年12月31日まで保護されます。

　たとえば、洋画家の藤田嗣治（レオナール・フジタ）を例にとれば、フジタは1968年1月29日に死亡しています。計算方法としては、1969年1月1日から50年後の2018年12月31日まで保護されることになります。そうしますと、TPP11整備法の発効が2018年12月30日ですから、フジタの作品の保護期間が満了する直前に50年から70年と20年プラスされたこととなり、2038年12月31日まで保護されることになったわけです。

　つまり、1968年以降に死亡した著作者の著作物等の保護期間が70年になります。（O）

コラム ④

憲法、民法、著作権法

「著作権を理解するためのポイント」を、6つ考えてみました。

❶世の中はすべて人間関係のバランス調整（バランス論）
❷カタチの有るものの所有権とカタチの無いものの著作権（所有権と著作権）
❸なんでも著作権で保護されるのか（著作物性）
❹誰でも必ず著作権者（無方式主義）
❺特許法とは大ちがい（著作者人格権）
❻表現を力強くする、先人の業績へのリスペクト（尊敬）を示す（引用）

　中学生になると、憲法を学ぶ機会があります。憲法第13条では、個人の尊厳の保障、幸福追求権に触れています。また、第29条には、財産権について規定されています。人権はたいへん重要な権利ですが、絶対的で無制限なものではなくて、他人の権利、利益との調整によって制限が加わる場合があります。第13条には「公共の福祉に反しない限り」、第29条には「公共の福祉に適合するやうに」とあるのは、このことです（これを「公共の福祉論」といいます）。

　民法にも、第1条（基本原則）に「私権は、公共の福祉に適合しなければならない」とあります。

　そして、著作権法でも第1条（目的）に、創作者と利用者の利益の調整をしながら、文化の発展に寄与することが書かれています。創作者と利用者の双方が、表現の自由や経済活動の自由といった権利、利益を持っています。特に表現の自由には、自己実現の価値（自己のアイデンティティーの確立）と自己統治の価値（民主社会の構築）が含まれています。こうした重要な価値の調整（バランス論）の成果を、著作権法が明確に規定しているわけです。

　（O）

窃盗罪なみに重い著作権侵害罪

　アニメやゲームのキャラクターのフィギュアを自分で制作して家庭内で楽しむことはできますが、それをインターネットで公開したり、販売することはできません。キャラクターデザインに著作権があり、公衆送信権や複製権、譲渡権の侵害となるからです。

　最近、人気のアニメ『鬼滅の刃』のキャラクターの偽フィギュアや偽グッズをインターネットで販売したとして、逮捕者が出ています。著作権侵害は、場合によっては刑事事件となります。

　また、漫画コンテンツを違法配信していた漫画村事件では、海賊版サイトの運営者に懲役3年（執行猶予なし）、罰金1千万円、追徴金6257万円余りの有罪判決が下されています（福岡地裁令和3年6月2日判決）。

　ちなみに、窃盗罪の法定刑は「10年以下の懲役又は50万円以下の罰金」です。著作権侵害罪は「10年以下の懲役若しくは1000万円以下の罰金に処し、又はこれを併科する」とあり、懲役刑と罰金刑が併せて科されることもあるので、窃盗罪より重くなる可能性があります。（O）

関連条文：刑法第235条、著作権法第119条

「ちょっとぐらい、いいでしょ?」はダメです

「コンテンツには必ず作り手がいます。作る人が一番、偉いです。キングです」。これは私の決めゼリフです。著作権の勉強会やセミナーで話すときの締めくくりで使います。

　最近ではリモート会議システムを使っての遠隔セミナーも多いです。「著作権、勉強したことないです」という人もいれば、私よりもよく知っておられる、と思う人が参加されます。

　時々、質疑応答の場で、こんな質問を受けることがあります。
「ちょっとぐらいなら（著作権に）違反しても、分からないですよね。こっそり使ってはダメですか」

　一斉に参加者の視線が私の顔に集中します。一呼吸おいて、私は答えます。
「なるほど、ちょっとぐらいだからいいじゃないか。ばれないし、と。でも、どうでしょう。体育館の裏で、生徒が金を巻き上げられる状態を考えてください。誰も見ていないし、ちょっとぐらいだからいいか、と言えます?」

　教育の現場では、著作権が大きく後退します（著作権法第35条）。「教育のためです。ご自由に」という特例です。しかし、その際でも、まだ見ぬ「作り手」のことを考えてほしいのです。教育現場で自由に使われる場合、結果として、作り手の「タダ働き」になっているかもしれません。作り手は泣いているかもしれません。

　利用者の多くは、「タダで使わせて」「ちょっとぐらいいいじゃないか」と望みます。しかしどんなコンテンツにも苦労やコストがかかっています。それに、ひとつの「ちょっとぐらい」が全国の学校で横行すると作り手に打撃となります。

　私にはもうひとつの決めゼリフがあります。
「もしもあなたが作り手だったら、と考えてみませんか」　　（M）

よく耳にする「JASRAC」って何？

　音楽の著作権が論じられるとき、JASRAC（ジャスラック）の名前を聞くことが多いと思います。これは会社か、お役所か？　一体何の団体なのでしょうか。

　JASRACの正式名称は「日本音楽著作権協会」です。1939（昭和14）年に設立されました。非営利の一般社団法人です。音楽コンテンツの著作権を管理しています。東京のほか、全国に14の拠点があります。

　作曲家や作詞家など音楽を作る人（音楽業界では「作家」と言います）に代わって、音楽の利用料金を集めます。

　音楽を利用しようとする人は、作家を探し出してコンタクトをとる必要がありません。JASRACに「コンサート会場で使う」「ライブで使う」「ブライダルで使う」と申し込めば良いのです。そして規定料金を支払います。

　テレビやラジオなどの放送局が音楽の利用者としては大きな存在です。ライブハウス、ダンス教室、エアロビクス教室のあるジム、ホテル、結婚式場なども利用者です。

　日本では、JASRAC以外に、NexTone（ネクストーン）社が音楽の著作権の管理業務をしています。

　音楽には必ず「作り手」がいます。この意味で、JASRACやNexToneは、作り手と利用者の間に立つ組織だと言えるでしょう。

　JASRACは戦前からある組織なので、管理している曲数は膨大です。日本と外国の曲を合わせて約450万曲です。ウェブで見られる「J-WID」というデータベースに公開されています。「あの曲、作ったの誰だっけ？」と思ったら、チェックしてください。

　音楽は鳴った瞬間に消えていくので、昔から音楽の作り手は、自作を守るために著作権の管理を求めたのです。文芸や演劇、美術などにも著作権の管理団体があります。（M）

「先生、わたしの絵に筆を入れないで」

　小説家が書いた「悲劇的な結末」を、出版社がハッピーエンドに変えようとします。これに対して小説家には「やめてください」と言う権利があります。著作者人格権（以後、人格権とする）がそれです。

　著作権は一般に、作り手の「金銭的な損失」を防ぐ財産権として語られることが多い権利です。しかし、著作権には、作り手の「思い」「こだわり」「気分」など内面に関係する人格権があることを気にとめてほしいのです。

　お金もうけの実感が乏しい子どもには人格権の話こそ響きます。彼らに訊くと「先生が勝手に作文を読み上げた」「先生が粘土細工を勝手に直した」「学校に自分の絵が飾られたけど、名前がなかった」など例を出してきます。

　人格権は、コンテンツが無断で変えられない権利《同一性保持権》の他、作者名に関する権利《氏名表示権》があります。作品を公表するときに名前をつけるかどうかについては、作者だけが決めることができます。その際、本名を含めペンネームなど好きな名前を作品に付すことができます。

　もう一つ重要なのは、作品を「公表するかどうか」「（公表を）いつ、どうやって」を決める権利《公表権》です。先生が生徒の作品をコンクールに出すときは、生徒の許可が必要です。子どもが書いた作文を、いきなり授業中に読み上げる行為も要注意です。

　人格権を厳密に守ると「授業が成り立たない」と言う教員がいると思います。現実には、子ども側も自分の絵は教室や廊下に飾られたり、作文が読み上げられることはある程度覚悟しているので問題にはならないでしょう。けれど、教育的な指導とは別に、コンテンツに込められた生徒の「こだわり」「気分」に思いを巡らすことも必要かもしれません。子どもの作品を使うときは、一言、声をかけるのが良いと思います。

　私自身、小学校の絵の時間に水彩画を描いている時に、先生にいきなり筆を入れられた経験があります。今もその時のことを覚えています。（M）

「海賊版を退治したい」

　チャールズ・ディケンズ（1812－70）がロンドンで活躍したころは、この文豪の作品は国外市場には出回っていませんでした。つながりの強いアメリカは当時、西部開拓のまっただ中。馬車の中でろうそくの灯りで読める小説が娯楽の主役です。新大陸では『クリスマス・キャロル』や『二都物語』などに頼っていたのです。

　ところが、実際に流通していた本は、英国の出版社が発行する正規版ではなく「海賊版」でした。印刷と製本に関する技術革新が、海賊版を後押ししていました。一度、原版を作れば、あとは大したコストをかけずに、いくらでもコピーを作ることができます。

　海賊版を退治したい――。

　非正規版が新大陸で出回っていることに怒ったディケンズは、1842年に米国に乗り込み「著作権による保護を」と訴えて回りました。

　同時期、フランス語圏でも同じことが起きていました。フランスの大作家ビクトル・ユーゴー（1802－85）は、ベルギーなどの隣接地域で自作の廉価本が出回っていたことに我慢できませんでした。政治家でもあったユーゴーは著作権を外交問題として取り上げたのです。

　当時、小説家たちに限らず、作曲家や写真家などのクリエーターが海賊版に悩んでいました。自作に著者名が付いていなかったり、内容が書き換えられたり、ひどい場合には他人の名前で出回っていたのです。ディケンズやユーゴーのような大物が主張し始めたことで、ようやく著作権の考え方が広がりを見せ始めました。ユーゴーの死の翌年の1886年、国境を超えた著作権に関する取り決めである「ベルヌ条約」が成立しました。（M）

 人工知能と著作権

　すっぴんの顔写真をインスタグラムなどにアップする人が減っているそうで
すね。人工知能（AI）がメイクするとか。よくできているので、気づかないだ
けです。

　では、AIが作ったコンテンツに著作権はあるのでしょうか。

　著作権法では、著作権が適用されるコンテンツには「思想または感情」がな
ければなりません。つまり、人の脳に基づくコンテンツだけが、著作権の対象
です。では、AIが関わる場合、どのように考えたらいいのでしょうか。

　今の時代、コンテンツは次の3つに分類されるでしょう。

❶人が生み出したコンテンツ（従来型。AIを使わない）

❷人が、AIを「道具として」生み出したコンテンツ

❸AIが人手を借りずに自ら生み出したコンテンツ

　❶と❷は、これまで通り著作権が適用されます。創る主体は人だからです。
❷の「道具として」という意味は、人工知能をカメラや絵筆、ワープロソフト
に見立てています。最終的に人が「手を入れて」コンテンツを完成させます。
問題は❸のケース、つまりAIが生み出した創作が、著作権法などで保護される
かどうかです。

　これを考える時に、オランウータンによる自撮り写真の例が参考になりま
す。オランウータンが見よう見まねで写真家のカメラで自撮りしたことがあり
ました。この場合の著作権は誰が持つか？　裁判でも争われたのですが、法律
は人間にだけ適用されるので、オランウータンには著作権は認められませんで
した。人しか著作権を持たない。そうすると❸のケースでは、AIは著作権を保
有できないことになります。

　とはいえ今後、AIが作るコンテンツは爆発的に増えるでしょう。単に著作
権を超えて、「コンテンツとは何か」「コンテンツの所有者は誰か」など、AI
が生み出す成果物について多方面で議論がなされています。（M）

おわりに

　駅前のスクランブル交差点———。

　多くの人が行き交うのにトラブルは起きません。「赤信号で止まる」「青で進む」というルールが小さな子どものころから徹底されているからです。

　スポーツ競技のサッカーはどうでしょうか。皆さんはルールブックを見なくても「11人で」「キーパー以外は手でボールに触らない」を知っていますよね。では「オフサイド」のルールはどうでしょう？　教わらないと分かりません。

　著作権はこれに似ていると思います。

　「他人が作ったコンテンツを無断で使い回してはいけない」が、著作権の基本です。多くの人が知っています。

　ところが、「著作物とは何か」「演奏権とは何か」「無断コピーして良い場合とは」になると、著作権はたちまち、やっかいなものにみえてしまいます。サッカーの「オフサイド」を言葉で説明されてもピンとこないのと同じです。

　著作権の基本的な考え方を知り、「やって良いこととダメなこと」「自由に使える場面」「補償金のメカニズム」などを学べば、複雑に見える著作権ルールも筋が通った存在に見えるかもしれません。

＊

　このハンドブックは、教育現場での先生や子どもたちの混乱を少しでも取り除くことを目的に作られました。

　学校や校外学習、自宅学習の場で起こりそうな場面を想定し、なるべく「Yes」「No」を言い切るよう心がけました。同時に、専門用語を日常語に置き換えるように努力をしました。

　私は10年ほど前まで、四半世紀にわたり共同通信社の記者をしてい

ました。ジャーナリストは現場で見たり聞いたり、感じたりしたことを、読者に伝えるのが仕事です。

　記者の悩みはいつも、言葉の選び方にあります。「分かりやすさ」と「厳密さ」を両立させることは難しい。「断定していいか」「誤解を生まないか」。最後まで気になります。

　本ハンドブックの執筆で、この悩みを私は、共著者の大塚大さんと共有しました。幸い、著作権を専門にする大塚さんは行政書士として日常語と専門用語とを往復しています。安心して一緒に仕事をすることができました。併せて、東京書籍の植草武士さんの編集手腕に触れておきます。植草さんはその博覧強記ぶりで著者の二人をうまく乗せながら執筆に向かわせたのです。短期間で本書が仕上がったのはこのベテラン編集者の力量のおかげです。他にも多くの人の助けを得ました。迷惑もかけました。皆さんの力添えがなければ、本書は誕生しませんでした。あらためて感謝します。

＊

　新型コロナ感染拡大の中、全国でオンライン授業が一般的になり、教育現場でのコンテンツの、より自由な運用を認めた「著作権法35条の改正」が施行されました。各学校で、子どもに電子タブレットやパソコンを1人1台配備する時代の流れに沿うためです。

　もっとも、スマホ時代だからこそ「もっと『紙の』書籍に注目しよう」「教室の黒板こそが教育の原点だ」という声も根強くあります。

　現実には、人工知能の急進もあり、著作権の世界にも新たな混乱が出始めています。情報技術はいつもコンテンツに関わる著作権の制度を揺さぶります。

　未来の著作権のあり方について、若い人、とりわけオンライン授業で育つ子どもたちが知恵を出してほしいのです。本書がそのためのきっかけになればと願います。

宮武久佳

巻末資料

参考情報／参考文献

1　著作権、著作権教育について困ったときの相談先

・事業での著作権の相談、著作権教育支援のご相談

　　　公益社団法人著作権情報センター　電話相談

　　　日本行政書士会連合会（知的財産部門）、都道府県の行政書士会

　　　日本弁理士会知的財産支援センター

・教科書の利用についてのご相談

　　　一般社団法人教科書著作権協会

・新聞記事の利用についてのご相談

　　　公益社団法人日本複製権センター

2　参考資料、おすすめ資料、情報

1）著作権教育、指導案作成について

野中陽一編「教育の情報化と著作権教育」（2010　三省堂）
川瀬　真（監修）大和淳、野中陽一、山本光（編）「先生のための入門書　著作権教育の第一歩」（2013　三省堂）
合田哲雄「学習指導要領の読み方・活かし方」（2019　教育開発研究所）
森田盛行「みんなで学ぼう学校教育と著作権～著作権の基本から指導まで～」（2019　全国学校図書館協議会）
三澤一実編、杉浦幸子、米徳信一、沼田芳行ほか「美術の授業のつくりかた」（2020　武蔵野美術大学出版局）
公益社団法人全国学校図書館協議会
「情報資源を活用する学びの指導体系表」（2019年1月1日）
https://www.j-sla.or.jp/news/sn/post-173.html
藤川大祐「学校・家庭でできるメディアリテラシー教育　ネット・ケータイ時代に生きる力」（2011　金子書房）
国立教育政策研究所
「「指導と評価の一体化」のための学習評価に関する参考資料」
https://www.nier.go.jp/kaihatsu/shidousiryou.html
文部科学省
教育の情報化に関する手引について
https://www.mext.go.jp/a_menu/shotou/zyouhou/detail/mext_00117.html
「教育の情報化に関する手引-追補版-（令和2年6月）」
堀田博史、佐藤和紀、三井一希「GIGAスクール構想　小学校低学年　1人1台端末を活用した授業実践ガイド」
（2021　東京書籍）

2）著作権について

（1）著作権
（i）書籍、雑誌
田村善之「著作権法概説第2版」（2001　有斐閣）
吉田大輔『明解になる著作権201答』（2001 出版ニュース）
岡本薫『著作権の考え方』（2003　岩波新書）
本橋光一郎、本橋美智子「要約著作権判例212」（2005　学陽書房）
吉田大輔『著作権が明解になる10章』（2005 出版ニュース）
清水康敬監修、中村　司ほか編集「必携!教師のための学校著作権マニュアル」（2006　教育出版）
北村文夫編「こんなとき、こう対応する　学校と個人情報保護・著作権」（2006　教育開発研究所）
本橋光一郎ほか「ガイドブック 教育現場の著作権 」（2006　法学書院）
斉藤　博「著作権法第3版」（2007　有斐閣）
宮武久佳「知的財産と創造性」（2007　みすず書房）
金井重彦「デジタル・コンテンツ著作権の基礎知識」（2007　ぎょうせい）
福井健策「著作権の世紀―変わる「情報の独占制度」」（2010　集英社新書）
池村　聡「著作権法コンメンタール別冊平成21年改正解説」（2010　勁草書房）
福井健策「「ネットの自由」vs.著作権　TPPは、終わりの始まりなのか」（2012　光文社新書）
池村　聡、壹貫田剛史「著作権法コンメンタール別冊平成24年改正解説」（2013　勁草書房）
加戸守行「著作権法逐条講義六訂新版」（2013　著作権情報センター）
福井健策「誰が「知」を独占するのか―デジタルアーカイブ戦争」（2014　集英社新書）
半田正夫「著作権法概説第16版」（2015　法学書院）
石島美也子「教科書と著作権-学校・教育委員会の先生方のために-」（2015　教科書著作権協会）
福井健策「18歳の著作権入門」（2015　ちくまプリマー新書）
鷹野　凌著、福井健策監修「クリエイターが知っておくべき権利や法律のことを教わってきました。 著作権の
ことをきちんと知りたい人のための本」（2015　インプレス）
吉田大輔『著作権法を考える10の視点』（2015 出版ニュース）
半田正夫、松田政行編「著作権法コンメンタール第2版1～3」（2015　勁草書房）
公益社団法人日本写真家協会著作権委員会編「Q&Aで学ぶ 写真著作権 第2版」（2016　太田出版）
北村行夫、雪丸真吾「Q&A引用・転載の実務と著作権法　第4版」（2016　中央経済社）
宮武久佳「理工系の基礎 知的財産」（2017　丸善出版）
宮武久佳「正しいコピペのすすめ」（2017　岩波書店）
黒澤節男「Q&Aで学ぶ　図書館の著作権基礎知識　第4版」（2017　太田出版）
池村　聡「はじめての著作権法」（2018　日経文庫）
作花文雄「詳解著作権法第5版」（2018　ぎょうせい）
志村潔「こんな時、どうする？「広告著作権」実用ハンドブック　第2版」（2018　太田出版）
桑野雄一郎著、赤松健著、福井健策監修「出版・マンガビジネスの著作権(第2版)」（2018　著作権情報センター）
安藤和宏「よくわかる音楽著作権ビジネス 基礎編 5th Edition」「実践編 5th Edition」（2018　リットーミュー
ジック）
小泉直樹、田村善之、駒田泰土、上野達弘編「著作権判例百選第6版」（2019　有斐閣）
髙部眞規子「実務詳説著作権訴訟第2版」（2019　きんざい）
岡本　薫「小中学生のための初めて学ぶ著作権　新装改訂版」（2019　朝日学生新聞社）
小川明子「たのしい著作権法　2019年版」（2019　山口ティー・エル・オー）
内田朋子、萩原理史、田口壮輔、島林秀行著　桑野雄一郎監修「すごいぞ！ はたらく知財 14歳からの知的財
産入門」（2019　晶文社）
河島茂生、久保田裕「AI×クリエイティビティ　情報と生命とテクノロジーと。 」（2019　高陵社書店）
高林龍「標準　著作権法　第4版」（2019　有斐閣）
コンピュータソフトウェア著作権協会編「ビジネス著作権検定 BASIC 初級 公式テキスト第3版」（2020　ウ
イネット）
福井健策、池村聡、杉本誠司、増田雅史「インターネットビジネスの著作権とルール(第2版)」（2020　著作権
情報センター）
福井健策「改訂版　著作権とは何か　文化と創造のゆくえ」（2020　集英社）
中山信弘「著作権法第3版」（2020　有斐閣）

小倉秀夫、金井重彦編「著作権法コンメンタール改訂版1〜3」（2020　第一法規出版）
岡村久道「著作権法第5版」（2020　民事法研究会）
早稲田祐美子「そこが知りたい著作権Q＆A100-CRIC著作権相談室から-第2版」（2020　著作権情報センター）
齋藤理央「マンガまるわかり著作権」（2021　新星出版社）
島並　良、上野達弘、横山久芳「著作権法入門第3版」（2021　有斐閣）
上野達弘、今村哲也、山神清和、横山久芳、谷川和幸、小島立「教育現場と研究者のための著作権ガイド」（2021　有斐閣）
唐津真美「講演録　オンライン授業と著作権」『コピライト』（723号　2021）2頁以下
前田健、金子敏哉、青木大也ほか「図録 知的財産法」（2021　弘文堂）
骨董通り法律事務所編、福井健策編著、小林利明編著「エンタテインメント法実務」（2021　弘文堂）

（ⅱ）ウェブサイト
田村善之「初中等教育において著作権法を教育する意義」
（ウェストロージャパン判例コラム第109回　掲載日　2010年6月13日）
http://www.westlawjapan.com/column/2010/100614/
大日方信春「著作権と憲法理論」『知的財産法政策学研究』33巻（2011）229頁以下
https://eprints.lib.hokudai.ac.jp/dspace/bitstream/2115/45726/1/IPLPJ33_009.pdf
「学校教育と著作権」（サートラス）
https://sartras.or.jp/educationcopyright/
教科書著作権協会「教科書利用のためのQ&A」
http://www.jactex.jp/faq01.html
東京学芸大学学校図書館運営委員会「授業に役立つ学校図書館活用データベース」
http://www.u-gakugei.ac.jp/~schoolib/htdocs/
ジャパンサーチ
https://jpsearch.go.jp/
情報セキュリティ・ポータルサイト（独立行政法人情報処理推進機構）
https://www.ipa.go.jp/security/kokokara/index.html
原口直の一歩先ゆく音楽教育
https://makiba.work

（2）著作権に関する教材、資料、関連団体等

文部科学省
「平成29・30・31年改訂 学習指導要領、解説等」
https://www.mext.go.jp/a_menu/shotou/new-cs/1384661.htm
教育の情報化の推進
https://www.mext.go.jp/a_menu/shotou/zyouhou/index.htm
学習者用デジタル教科書について
https://www.mext.go.jp/a_menu/shotou/kyoukasho/seido/1407731.htm
令和2年度　デジタル教科書の効果・影響等に関する実証研究
https://www.mext.go.jp/a_menu/shotou/kyoukasho/digital/1419745_00001.htm
デジタル教科書の今後の在り方等に関する検討会議
https://www.mext.go.jp/b_menu/shingi/chousa/shotou/157/index.html
GIGAスクール構想の実現について
https://www.mext.go.jp/a_menu/other/index_00001.htm

文化庁
「著作権」
https://www.bunka.go.jp/seisaku/chosakuken/index.html
文部科学省初等中等教育局教育課程課編「初等中等教育における創造性の涵養と知的財産の意義の理解に向けて－知的財産に関わる資質・能力の育成－」（平成29年1月27日）

「著作権に関する教材、資料等」
(a) Web教材
    https://www.bunka.go.jp/seisaku/chosakuken/seidokaisetsu/kyozai.html
    マンガでわかる著作物の利用「作太郎の奮闘記〜市民文化祭を成功させよう〜」
    （中学生，高校生〜大人向け）（平成23年8月公開，平成25年3月改訂）
    はじめて学ぶ著作権（小学生向け）
    楽しく学ぼうみんなの著作権（小学生向け）
(b) 検索データベース
    著作権なるほど質問箱（著作権Q&A）
    学校における場面対応型指導事例集「著作権教育5分間の使い方」
    誰でもできる著作権契約
(c) 著作権テキスト（令和3年（2021）年度版）
(d) パンフレット　学校における教育活動と著作権（令和3年度改訂版）
(e) 著作権教育に関する各種報告
    「著作権教育研究協力校」報告書
    「学校における著作権教育アンケート調査」

公益社団法人著作権情報センター（CRIC）
「著作権教育のご案内」
https://www.cric.or.jp/education/index.html
5分でできる著作権教育（CRIC、一般社団法人日本教育情報化振興会）
著作権教育の実践事例
みんなのための著作権教室
「学校における著作権教育アンケート調査」報告書
「著作権パンフレット」
https://www.cric.or.jp/publication/pamphlet/index.html
「著作権って何？（はじめての著作権講座）」（2019年6月21日更新）
早稲田祐美子、原田文夫「こんなときあなたは？（はじめての著作権講座 II ）著作権Ｑ＆Ａ（市町村のしごと
と著作権）」（2021年3月1日更新）
黒澤節男「図書館と著作権　ケーススタディ著作権　第3集」（2021年3月1日更新）
大和淳「ケーススタディ著作権1　学校教育と著作権」（2021年3月31日更新）

国立情報学研究所
https://www.nii.ac.jp/
各種動画資料

一般社団法人授業目的公衆送信補償金等管理協会（サートラス）
著作権法第35条の補償金などに関する情報
https://sartras.or.jp/

一般財団法人ソフトウェア情報センター（SOFTIC）
https://www.softic.or.jp/

一般社団法人日本音楽著作権協会
「コンテンツのご案内」
https://www.jasrac.or.jp/content/index.html#anc05
ニコニコ生放送「THE JASRAC SHOW!」
「作家で聴く音楽」
「音人工房」
「creator's View」
ジャスラ職場見学へ行く！
職場見学へ行く！
JASRAC PARK

動画コンテンツ

一般社団法人日本レコード協会
「中高生向け学習プログラムのご案内」
https://www.riaj.or.jp/f/education/officeVisit.html

公益社団法人日本芸能実演家団体協議会・実演家著作隣接権センター（CPRA）
https://www.cpra.jp/

NexTone（ネクストーン）
https://www.nex-tone.co.jp/

一般社団法人日本音楽事業者協会
https://www.jame.or.jp/
肖像権について考えよう
https://www.jame.or.jp/shozoken/index.html

一般社団法人日本音楽制作者連盟
https://www.fmp.or.jp/

楽譜コピー問題協議会（CARS）
https://www.cars-music-copyright.jp/index.html

一般社団法人日本写真著作権協会
https://jpca.gr.jp/

教育目的利用写真データベース
https://e-photo.jpca.gr.jp/

公益社団法人日本写真家協会
写真学習プログラム、著作権セミナーなどの取り組み
https://www.jps.gr.jp/

一般社団法人コンピュータソフトウェア著作権協会（ACCS）
著作権Q＆A
https://www2.accsjp.or.jp/qa/02/

公益社団法人日本文藝家協会
声明文・要望
http://www.bungeika.or.jp/statements_index.htm

日本ビジュアル著作権協会（JVCA）
https://www.jvca.gr.jp/

協同組合日本脚本家連盟
http://www.writersguild.or.jp/

協同組合日本シナリオ作家協会
https://www.j-writersguild.org/

公益社団法人日本複製権センター（JRRC）
書籍や雑誌、新聞などの複写・複製
https://jrrc.or.jp/

一般社団法人出版者著作権管理機構（JCOPY）
https://www.jcopy.or.jp/

オーファンワークス実証事業実行委員会
著作権者不明等の場合の裁定制度の利用円滑化に向けた実証事業
https://jrrc.or.jp/orphanworks/

一般社団法人日本映像ソフト協会
映像ソフトの振興、保護
http://jva-net.or.jp/

日本国際映画著作権協会（JIMCA）
http://www.jimca.co.jp/

一般社団法人日本映画製作者連盟
http://www.eiren.org/

協同組合日本映画監督協会
https://www.dgj.or.jp/

一般社団法人日本書籍出版協会
https://www.jbpa.or.jp/

「お話会・読み聞かせ団体等による著作物の利用について」（2017年改訂版　児童書出版者・著作者懇談会編）
https://www.jbpa.or.jp/guideline/readto.html

一般社団法人日本雑誌協会
https://www.j-magazine.or.jp/

日本放送協会（NHK）
https://www.nhk.or.jp/

ＮＨＫティーチャーズ･ライブラリー
https://www.nhk.or.jp/archives/teachers-l/

一般社団法人日本民間放送連盟
https://j-ba.or.jp/

放送コンテンツ適正流通推進連絡会
https://www.tv-copyright.jp/index.html

一般社団法人日本美術著作権連合
https://www.jart.tokyo/

一般社団法人日本美術家連盟
http://www.jaa-iaa.or.jp/

公益社団法人日本漫画家協会
https://www.nihonmangakakyokai.or.jp/

一般社団法人日本新聞協会
https://www.pressnet.or.jp/

一般社団法人学術著作権協会
https://www.jaacc.org/

青空文庫
https://www.aozora.gr.jp/

クリエイティブ・コモンズ・ジャパン（CCJP）
https://creativecommons.jp/

公益社団法人全国学校図書館協議会（SLA）
https://www.j-sla.or.jp/

公益社団法人日本図書館協会（JLA）
https://www.jla.or.jp/

一般社団法人日本図書教材協会
http://www.nit.or.jp/association/nittokyo.html

不正商品対策協議会（ACA）
海賊版対策
https://www.aca.gr.jp/index.html

一般社団法人コンテンツ海外流通促進機構（CODA）
http://www.coda-cj.jp/

一般社団法人日本商品化権協会
https://www.jamra.org/

ザ・ソフトウェア・アライアンス（BSA）
https://bsa.or.jp/

一般社団法人ユニオン・デ・ファブリカン（UDF）
https://www.udf-jp.org/

一般社団法人ICT CONNECT 21
https://ictconnect21.jp/
新しい著作権法と学校教育フォーラム（2018年8月24日開催）
https://ictconnect21.jp/news_180919_001/

一般社団法人日本教育情報化振興会（JAPET＆CEC）
https://www.japet.or.jp/

特定非営利活動法人著作権利用等に係る教育NPO
http://kyouikunpo.jp/index.html

一般社団法人日本著作権教育研究会
https://www.jcea.info/

知的財産戦略本部（内閣府）
知的財産推進計画
https://www.kantei.go.jp/jp/singi/titeki2/index.html
「知的財産推進計画2021〜コロナ後のデジタル・グリーン競争を勝ち抜く無形資産強化戦略〜」（2021年7月
13日）
https://www.kantei.go.jp/jp/singi/titeki2/kettei/chizaikeikaku20210713.pdf

知財創造教育推進コンソーシアム
https://www.kantei.go.jp/jp/singi/titeki2/tizaikyouiku/taikeika.html

特許庁
（a）説明会テキスト　特許庁編「知的財産権制度入門」
　　 https://www.jpo.go.jp/news/shinchaku/event/seminer/text/index.html
（b）「未来を創る授業ガイド　新しいモノ・コトを楽しく創る知財創造教育：小・中・高校対応〜すべての教科
　　 ですぐに始められる学習指導案事例とヒント〜」（2018年3月　小中高等学校において知財創造教育を実施
　　 できる人材の養成に必要なテキストに関する調査研究委員会監修　委員長木村友久ほか）
　　 https://www.kantei.go.jp/jp/singi/titeki2/tizaikyouiku/program/siryou25.pdf
（c）報告書
　　 「小中高等学校において知財創造教育を実施できる人材の養成に必要なテキストに関する調査研究報告書」
　　 （2018年3月　平成30年度特許庁産業財産権制度問題調査研究報告書　株式会社KADOKAWA編）
　　 https://www.jpo.go.jp/resources/report/sonota/document/zaisanken-seidomondai/2018_05_zentai.pdf
　　 「中等教育段階における知財創造教育の推進に資する教材に関する調査研究報告書」（2018年3月　平成30
　　 年度特許庁産業財産権制度問題調査研究報告書　一般社団法人発明推進協会編）
　　 https://www.jpo.go.jp/resources/report/sonota/document/zaisanken-seidomondai/2018_02_zentai.pdf
　　 一般社団法人発明推進協会編「中等教育段階における知財創造教育の推進に資する教材に関する調査研究
　　 報告書」（平成31年3月　平成30年度特許庁産業財産権制度問題調査研究報告書）

農林水産省
地理的表示（GI）保護制度、植物新品種・育成者権関係（輸出・国際局知的財産課）
https://www.maff.go.jp/j/kanbo/tizai/brand/index.html

経済産業省
不正競争防止法の概要
https://www.meti.go.jp/policy/economy/chizai/chiteki/unfaircompetition_new.html
営業秘密の保護
https://www.meti.go.jp/policy/economy/chizai/chiteki/trade-secret.html

法務省
法教育
http://www.moj.go.jp/housei/shihouhousei/index2.html

総務省
ICTメディアリテラシー
https://www.soumu.go.jp/ict-media/
一般財団法人マルチメディア振興センター　e-ネットキャラバン
https://www.fmmc.or.jp/e-netcaravan/

東京都教育委員会
「法」に関する教育カリキュラム
http://www.kyoiku.metro.tokyo.jp/school/document/law/curriculum.html

東京都行政書士会
法教育
https://www.tokyo-gyosei.or.jp/profile/legaleducation/index.html

警察庁
警察庁生活安全局（偽ブランド・海賊版）
https://www.npa.go.jp/bureau/safetylife/index.html

財務省関税局
知的財産侵害物品の取締り、水際対策
https://www.customs.go.jp/mizugiwa/chiteki/index.htm

骨董通り法律事務所
https://www.kottolaw.com/

3）その他の権利について

森　隆夫「教育行政における法的思考と教育的思考（上）（下）」（1994　教育開発研究所）
大家重夫「肖像権改訂新版」（2011　太田出版）
金井高志「民法でみる知的財産法第2版」（2012　日本評論社）
内藤　篤、田代貞之「パブリシティ権概説第3版」（2014　木鐸社）
神代　浩「困ったときには図書館へ―図書館海援隊の挑戦」（2014　悠光堂）
神代　浩、中山美由紀編著「学校図書館の挑戦と可能性―困ったときには図書館へ２」（2015　悠光堂）
正林真之監修「会社の商標実務入門第2版」（2017　中央経済社）
川端　博「刑事時間論序説」（刑事法研究第20巻　2020　成文堂）53頁以下
日本組織内弁護士協会監修、河野敬介・神内聡編「Ｑ＆Ａでわかる業種別法務　学校」（2021　中央経済社）

4）法教育概論

教師と弁護士でつくる法教育研究会編「教室から学ぶ法教育　子どもと育む法的思考」（2010　現代人文社）
大村敦志『「法と教育」序説』（2010　商事法務）
東京都行政書士会法教育推進特別委員会編「法教育マニュアル」（2013年3月29日）
関東弁護士会連合会編「わたしたちの社会と法―学ぼう・法教育」（2016　商事法務）
中央大学法学部「高校生からの法学入門」（2016　中央大学出版部）
日本弁護士連合会市民のための法教育委員会編「小学校のための法教育12教材～一人ひとりを大切にする子どもを育む～」（2018　東洋館出版社）
東京都行政書士会法教育推進特別委員会編「東京都行政書士会における法教育活動」（2018年11月14日）
日本弁護士連合会市民のための法教育委員会編「中学校のための法教育11教材～一人ひとりを大切にする子どもを育む～」（2017　東洋館出版社）
江口勇治「法教育の現状と課題」『法律時報』（92巻1号　2020）5頁以下
松下淳一、橋爪　隆、小島慎司「創刊40周年記念特集　法学学習のこれからと, これからの「法学教室」」『法学教室』（481号　2020）4頁以下
上野達弘ほか「特集　ICT教育時代の法学教材と著作権」『法学セミナー』（793号　2021）5頁以下

5）学術、学会
・デジタルアーカイブ学会
肖像権処理ガイドライン（法制度部会）
http://digitalarchivejapan.org/bukai/legal/shozoken-guideline
・著作権法学会
http://www2.odn.ne.jp/~aaf77690/

・日本知財学会（知財教育分科会）
http://www.ipaj.org/
・日本マンガ学会
https://www.jsscc.net/
・法と教育学会
http://gakkai.houkyouiku.jp/

索 引

・第Ⅱ部の【キーワード】を中心に代表的なページを選んでいます。

さ

ま

や

ら

わ

著者紹介

宮武　久佳（みやたけ　ひさよし）

1957年（昭和32年）生まれ。東京理科大学嘱託教授。共同通信社記者・デスク（1984-2009年）、横浜国立大学教授（2009-12年）、東京理科大学教授（2012-22年）を経て現職。米ハーバード大学ニーマン（ジャーナリズム）・フェロー。専門は知的財産論、メディア論、文化資源論。
著書に『知的財産と創造性』（みすず書房）『正しいコピペのすすめ——模倣、創造、著作権と私たち』『自分を変えたい——殻を破るためのヒント』（いずれも岩波ジュニア新書）『「社会人教授」の大学論』『わたしたちの英語』（いずれも青土社）などがある。知財関係の連載として『学校生活と著作権』（「図書館教育ニュース」少年写真新聞社）『教師のための著作権講座』（「授業力＆学校経営力」明治図書）など。

大塚　大（おおつか　だい）

1966年（昭和41年）東京都北区生まれ。駒沢公園行政書士事務所所長。特定行政書士、１級知的財産管理技能士（コンテンツ専門業務）。明治大学法学部卒業、同大学院法学研究科公法学刑事法博士課程前期修了（法学修士）、東京都行政書士会 常任理事、知的財産・経営会計部部長。日本行政書士会連合会 国際・企業経営業務部 知的財産部門部員。
所属学会：著作権法学会、日本知財学会、日本マンガ学会、デジタルアーカイブ学会
合気道5段、柔道2段。
「著作権判例速報」メールマガジンを無料配信中。
https://www.mag2.com/m/0000194248.html

Staff

ブックデザイン：工藤政太郎
イラスト：真崎なこ
編集協力：(株)ナイスク(https://naisg.com)
　　　　　松尾里央、高作真紀
　　　　　地蔵重樹
　　　　　海道力洋、中川隆子

著作権ハンドブック
先生、勝手にコピーしちゃダメ

2021年9月16日　第1刷発行
2022年10月7日　第3刷発行

著　者　　宮武久佳　大塚大
発行者　　渡辺能理夫
発行所　　東京書籍株式会社
　　　　　〒114−8524
　　　　　東京都北区堀船2-17-1
　　　　　03-5390-7531（営業）
　　　　　03-5390-7455（編集）

印刷・製本　株式会社リーブルテック

ISBN 978-4-487-81338-4 C0036　　NDC 021.2
Copyright © 2021 by Hisayoshi Miyatake, Dai Otsuka
All rights reserved. Printed in Japan
https://www.tokyo-shoseki.co.jp

乱丁・落丁の場合はお取り替えいたします。
定価はカバーに表示してあります。
本書の内容の無断使用は固くお断りいたします。